精神保健福祉概論

成清美治　加納光子　編

学文社

執筆者　（*は編者　執筆順）

- * 加納　光子　武庫川女子大学（第1章）
-    岡田　まり　立命館大学（第2章）
-    大橋　定明　大阪医専（第3章）
-    栄　セツコ　大谷女子大学（第4章）
-    重野　　勉　桃山学院大学（第5章）
-    篠原由利子　平安女学院大学（第6章）
-    駒井　博志　大阪体育大学短期大学部（第7章1，2，3－1，2）
-    中田智恵海　武庫川女子大学（第7章3－3）
-    青木　聖久　関西青少年サナトリユーム（第8章）
-    阪田憲二郎　神戸女子大学（第9章）
-    高間　　満　福岡県立大学（第10章）
- * 成清　美治　神戸市看護大学（第１１章）

はじめに

　今日，精神障害者の精神医療に関して従来の入院（長期・社会的）の在り方が問われており，精神障害者の社会復帰を促進することが重要かつ緊急課題となっている。具体的には精神障害者の相談援助体制の構築にあり，その相談援助業務の果たす役割が精神保健福祉士法に基づいた専門的資格において大いに期待されている。こうした状況の下で精神医療や保健福祉分野における国家資格として誕生したのが精神保健福祉士である。これまで同分野において精神科ソーシャルワーカー（PSW）が多くの業務を担ってきたが質的・量的問題を抱えていたことから国家資格を具備した精神保健福祉領域の専門職の確立が望まれていた。そこで，平成9年12月に「精神保健福祉士法」が成立，公布されることとなった。そして，平成10年4月より同法が施行されることとなり，精神保健福祉士の養成が開始された。今回，「精神保健福祉概論」の出版にあたって，その目標を精神保健福祉士を目指す人びとの効果的な学習の一助になるような内容に努めた。なお，章構成は，精神保健福祉士カリキュラムに準じると共にその文章表現はできるだけ容易なものとし，執筆者には大学・短大並びに専門学校で長く教便をとっているベテランから新進気鋭の学究のみならず，精神保健福祉現場において日々実践されている方にも参加していただいた。本書が精神保健福祉を学ぶ方々にとって水先案内人になれば執筆者一同このうえない幸せである。なお，本書の編集方針は以下の通りである。

1. 障害者福祉の理念と意義及び障害者基本法等すべての障害者に共通の福祉施策の概要について読者が理解しやすいように努める。
2. 精神障害者の人権，精神保健福祉士の理念，意義，対象について読者が理解しやすいように努める。
3. 精神障害者に対する相談援助活動等を読者が理解しやすいように努め

る。
4. 精神保健福祉法，精神保健福祉士法等精神障害者に関する法律の意義と内容を読者が理解しやすいように努める。
5. 精神保健福祉施策の概要，関連施策について読者が理解しやすいように努める。

なお，本書の刊行にあたってご助力を頂いた学文社田中千津子社長に感謝の意を表したい。

2001年9月　　　　　　　　　　　　　執筆者を代表して　成清美治
　　　　　　　　　　　　　　　　　　　　　　　　　　　加納光子

目　　次

第1章　障害者福祉の理念と意義　　1

1. 障害者福祉の理念　　1
   (1) 障害のとらえ方……1／(2) 障害者福祉の理念……2
2. 障害者福祉の発達　　3
   (1) 前史……3／(2) わが国の障害者福祉の発達……5
3. ノーマライゼーション　　7
   (1) ノーマライゼーション思想……8／(2) コミュニティケア……9／(3) 自立生活運動……10
4. リハビリテーション　　12
   (1) リハビリテーションの歴史……12／(2) リハビリテーションの概念……13
5. 生活の質（QOL）　　15
   (1) QOLの構造……15／(2) 生活の質（QOL）……16

第2章　障害および障害者　　19

1. 障害の概念　　19
   (1) 障害とは……19／(2) 障害を説明するモデル……19／(3) 障害概念の動向……25
2. 障害分類　　26
   (1) 国際障害分類……26／(2) わが国の社会福祉法制度における障害……30
3. 精神障害の特性　　32
   (1) 精神障害とは……32／(2) 精神障害の特性……33

第3章　障害者福祉の基本施策	37
1．障害者基本法	37
2．障害者プラン	44

(1) 地域で共に生活するために……47／(2) 社会的自立を促進するために……47／(3) バリアフリー化を促進するために……48／(4) 生活の質 (QOL) の向上をめざして……48／(5) 安全な暮らしを確保するために……48／(6) 心のバリアを取り除くために……48／(7) わが国にふさわしい国際協力・国際交流を……49

第4章　現代社会と精神障害者	52
1．精神障害者の概念	52

(1) 精神障害者の概念……52／(2) 精神障害者の理解……53

2．精神障害者と家族	55

(1) 精神障害者と家族の関係……56／(2) 精神障害者家族の実態……57／(3) 精神障害者家族の支援……57

3．精神障害者と地域社会	58

(1) 物理的な側面からの地域社会……59／(2) 意識的な側面からの地域社会……60

4．精神障害者とノーマライゼーション	61

(1) 精神障害者とノーマライゼーション……61／(2) 精神障害者のノーマライゼーションの実現に向けて……62

第5章　精神障害者の人権	67
1．精神障害者の権利擁護	68

(1) 障害者の人権について……68／(2)「精神病者の保護及び精神保健ケア改善のための諸原則」(国連原則)……69／(3) アドボカシー……73

2．精神医療における権利擁護	75

(1) 精神障害者に関する法の歴史……75／(2) 精神衛生法改正へ……76／

(3) 精神保健法から「精神保健及び精神障害者福祉に関する法律」(精神保健福祉法) へ……77／(4) 精神医療審査会について……77

3. インフォームド・コンセントについて　　　　　　　　　　　　　　　　　79
4. 地域社会における精神障害者の人権について　　　　　　　　　　　　　81
　　　(1) 社会的障壁としての欠格条項……81／(2) 成年後見制度と権利擁護事業について……82

第6章　精神保健福祉士の理念と意義　　　　　　　　　　　　　　　　85

1. 精神保健福祉の歴史と理念　　　　　　　　　　　　　　　　　　　　85
　　　(1) 精神保健福祉の歴史……85／(2) 精神保健福祉の理念……90
2. 精神保健福祉士の意義　　　　　　　　　　　　　　　　　　　　　　90
　　　(1) 精神保健福祉士の歴史……90／(2) 精神保健福祉士の意義……91
3. 精神保健福祉士の対象　　　　　　　　　　　　　　　　　　　　　　95
　　　(1) 精神障害者の置かれている状況（平成8年調査）……95／(2) 対象への援助……95／(3) 対象との関係性……97
4. 精神保健福祉士の倫理　　　　　　　　　　　　　　　　　　　　　　98

第7章　精神障害者に対する相談援助活動　　　　　　　　　　　　　101

1. 精神障害者を取り巻く社会的障壁（バリア）　　　　　　　　　　　101
　　　(1) 社会的障壁とは何か……101／(2) 精神障害の構造と社会的障壁……101／(3) 精神障害者を取り巻く社会的障壁……103
2. 精神障害者の主体性の尊重　　　　　　　　　　　　　　　　　　　106
　　　(1) 主体性とは……106／(2) 精神障害者の主体性を阻害してきたもの……107／(3) 主体性の回復をめざして……108
3. 相談援助活動の方法　　　　　　　　　　　　　　　　　　　　　　110
　　　(1) 相談援助活動の内容……110／(2) 相談援助活動の場面……110／(3) 相談援助活動の最近の動向——セルフヘルプ・グループ……114

第8章　相談援助活動の事例研究　　119

1. 個別援助技術（ケースワーク）の実践と展開　　119

    (1) 事例提示の目的……119／(2) 事例の概要……119／(3) 個別援助の経過……120／(4) 考察……122

2. 集団援助技術（グループワーク）の実践と展開　　123

    (1) 事例提示の目的……123／(2) 事例の概要……124／(3) 集団援助の経過……124／(4) 考察……126

3. 地域援助技術（コミュニティワーク）　　127

    (1) 事例提示の目的……127／(2) 既存の社会資源と地域特性……128／(3) 地域援助の経過……128／(4) 考察……131

第9章　精神保健福祉法，精神保健福祉士法等，精神障害者に関する法律　132

1. 精神保健福祉法の意義と内容　　132

    (1) 精神保健福祉法の1999年改正の概要……132／(2) 精神保健福祉法の内容……133

2. 精神保健福祉士法の意義と内容　　142

    (1) 精神保健福祉士法成立の経緯……142／(2) 精神保健福祉士法の意義……143／(3) 精神保健福祉士法の内容……144

3. 関連法について　　147

    (1) 社会福祉法……147／(2) 民法……148／(3) 生活保護法……148／(4) 知的障害者福祉法……148／(5) 老人福祉法……148／(6) 介護保険法……149／(7) 老人保健法……149／(8) 児童福祉法……149／(9) 地域保健法……149／(10) 国民年金法及び厚生年金法……150／(11) 医療保険各法……150／(12) 医療法……150／(13) 所得税法……151／(14) 警察官職務執行法……151／(15) その他……151

第10章　精神保健福祉施策の概要　　153

1. 精神保健福祉に関する行政組織　　153

2．精神保健福祉に関わる公的負担制度（公費負担医療等）　157
3．精神保健福祉施策の課題　160
　　(1) 精神障害者福祉対策……160／(2) 社会復帰対策……163
4．精神保健福祉における社会資源　167
　　(1) 精神障害者保健福祉に関わる専門職との連携……167／(2) 社会資源……169

第11章　精神保健福祉の関連施策　　171

1．雇用・就業　171
　　(1) 障害者の状況……171／(2) 障害者の就労形態……172
2．所得保障　180
　　(1) 年金制度……180／(2) 生活保護における障害加算……186／(3) 手当・災害補償……187
3．経済負担の軽減　189
　　(1) 税制における控除……190／(2) 生活福祉資金貸付制度……191／(3) その他（料金の割引・減免）……192
4．住環境の改善と地域生活支援　192
　　(1) 住宅・住環境の整備・改善……192／(2) 精神保健法のもとでのケアが提供される居住施設……194／(3) 地域生活支援……195

索　　引　197

第1章
障害者福祉の理念と意義

1. 障害者福祉の理念

(1) 障害のとらえ方

　国際連合は1980年に「国際障害者年」の実施に関する計画である「国際障害者年行動計画」を決議し，その中で「障害者は，その社会の他の異なったニーズをもつ特別の集団と考えられるべきではなく，その通常の人間的なニーズを満たすのに特別の困難をもつ普通の市民と考えられるべきなのである」として，「個人の特質である機能障害（impairment），その機能障害のために生じる機能面の制約である能力低下（能力障害）(disability)，およびその能力低下（能力障害）の社会的結果である社会的不利 (handicap)」と3つのレベルに分類した。

　世界保健機構（WHO）の国際障害分類（ICIDH：International Classification of Impairments, Disabilities, and Handicaps, 1993年）は，この障害の3つのレベルを以下のようにさらに詳しく定義している。つまり，①機能障害（形態異常を含む）とは心理的，生理的，解剖的な構造または機能の何らかの喪失または異常である。②能力低下（能力障害）とは人間として正常とみなされる態度や範囲で活動していく能力の，いろいろな制限や欠如（機能障害に起因する）である。そして，③社会的不利とは機能障害あるいは能力低下（能力障害）の結果としてその個人に生じた不利益であって，その個人にとって（年齢，性，社会文化的因子からみて）正常な役割を果たすことが制限されたり妨げられたりすることである

　なお，「機能障害」「能力低下」「社会的不利」に加えて，「体験としての障害」を入れることもある。「体験としての障害」は，社会の否定的な態度によ

って障害のある人びとの中に引き起こされる自己価値の低下などをいう。

ところで，2001年5月22日のWHOの総会において国際障害分類第2版（ICIDH-2）が承認された。ここでは，「健康状態」という概念を新たに用いることによって，障害の対象を拡大した。また，環境と個人の背景因子も加え，障害と背景因子との相関関係を明確にした。「機能障害」という用語はそのままであるが，「能力低下（能力障害）」に代わって「活動」を，「社会的不利」に代わって「参加」という概念を用いた。ICIDH-2はICIDHの障害のとらえ方を基本としつつ，その概念を中立的にしたものであるが，詳しくは第2章で述べられている。

（2） 障害者福祉の理念

社会福祉とは「人間のwell-beingな状態を社会的，制度的，政策的に保障すること，作り出すこと」である。障害者福祉とは「障害をもつ人びとのwell-beingな状態を社会的，制度的，政策的に保障すること，作り出すこと」である。このために「障害をもつ人びとの日常生活上の困難と社会的な不利益をとりのぞき，その障害者の自立と社会参加を積極的に支援しようとする施策，およびその実践」が必要になる。

障害者福祉を支えてきた，あるいは支えている理念には，1940年代に起こった「リハビリテーションの思想」，1950年代に起こった北欧の「ノーマライゼーションの思想」（これを実現するためのバリアフリーやユニバーサルデザインの考え方），そして広義にはノーマライゼーションに含まれるが，1960年代のイギリスの「コミュニティケア政策」とアメリカの「自立生活運動」等がある。これらは，1981年の国際障害者年のテーマである「完全参加と平等」へと集約されてくるものであった。

この章では，理念の理解を助けるために，障害者福祉の発達をのべ，次に2大理念であるノーマライゼーション，リハビリテーションについての知識を深め，最後にそれらの具体的な表現である生活の質についての考察を行なうこととする。

2. 障害者福祉の発達

(1) 前　史

1) 未開社会

　生産水準の高まった後期未開社会では，病人・老人・戦争不具者に対する共同体の義務が明白であったといわれているが，生産水準の低いそれ以前の時代では，生産に従事できなくなった人に対して援助の手を差しのべることは，実際には困難であったと推察される。

2) 古　代

　古代ギリシャでは，障害者は呪われた者，厄介な者として排除や遺棄があった[1]。

　わが国の奈良・平安時代では障害は援助の対象となった。障害者の扶養が家族や地域共同体に求められており，障害者やその世話をする家族の税等の負担を軽減していたという[2]。

3) 中世・近世

　ヨーロッパではイギリスの救貧法などにみられるように，稼働能力の有無が貧民対策で重要な要素を占めた。「働けない」障害者は過酷な状況におかれた。しかし，18世紀半ばにはフランスで障害児のための学校がはじめて作られたりもした。

　わが国においては，障害者は見せ物に登場したりはしたが，社会は障害者に対してはおおむね排除的ではなかった。江戸時代では，七分積金などの公的救済の対象となり，開運を招くという福助思想（福助は，実在の人物。障害が幸いして幸せな人生を送ったという[3]）などもあった。また，江戸時代には視力障害者は特に保護をうけ，音楽以外にも鍼・灸などの医療を独占し高利貸しの営業権も与えられた。和学講談所を開設した塙保己一のような高名な国学者も現れた（マイクロソフト社『マイクロソフトエンカルタ百科事典2000』2000年）。

　精神障害者の場合は，古代から精神疾患は悪霊や悪魔，あるいは何かに取り

つかれたものとして虐待されたり，反対に神霊をうけたものとして崇められたりしていた。わが国では精神障害を狐付きなどとみる見方はあったが迫害は少なかった。漢方医学の影響もあり精神障害を病気とみる考えもあった。[4)]

4) 近　代

産業革命・市民革命を経て近代がはじまるが，資本主義経済と市場経済を特色とする近代は工場労働者を生み出し，新しい障害とその増大を生み出した。すなわち，工場における作業工程での事故や環境条件の悪さから生じる新しい障害であった。また，近代にいたって，近代兵器の使用による戦傷の変化——頭部や脊髄などの損傷——と同時に，非戦闘員も巻き込まれるという被害層の増大があった。

わが国の近代は明治維新をもって始まるとされるが，わが国においても西欧と同様に近代化による新たな障害の発生とその増大があった。また，障害者は社会のやっかい者とされるようになった。

周知のようにわが国では，1874（明治7）年に「恤救規則」，1929（昭和4）年に「救護法」が制定された。「恤救規則」では治安的な考え方に加えて，「隣保相扶，親族相救」の考え方がまず基本にあり，生活困難な高齢者や障害者には家族や親族の扶養が優先された。したがって，対象は例外的に70歳以上の老衰者，廃疾者など労働不能者，13歳以下の幼弱者であった。「救護法」では被救護者の資格条件として2つ挙げられ，その1番目は「貧困のため生活できないこと」，2番目は「精神上または身体上の障碍あるいは幼弱，老衰，出産のため労働を行ないえないこと」であった。「救護法」では救護の種類と方法も拡大され，公的扶助義務は確立されたが，自ら保護を請求する権利，つまり保護請求権はなかった。被救護者は，1928年の「恤救規則」では1万7,443人であったが，1932年の「救護法」では14万1,445人，1937年には21万3,991人となった。このうち，障害者は「恤救規則」当時は毎年平均約2,000人，「救護法」施行後の1934年には約1万1,000人であった。[5)]

戦争による障害者である傷痍軍人には，1917（大正6）年の「軍事救護法」

などでその家族にも救助の手がさしのべられていた。しかし，精神障害者には，1900年の「精神病者監護法」で私宅監置が認められるなど，社会防衛的・治安的な対策がとられた。

なお，この間，個人の努力で盲学校がつくられたり，障害をもつ人のためのその他の施設がつくられたりしている。

また，障害と関連する法案である「労働者災害扶助責任保険法」(1931年)など，一連の法律も制定されていった。

(2) わが国の障害者福祉の発達

1) 第2次世界大戦後

わが国を占領していた連合軍の総指令部（GHQ）は民主化・非軍事化を推し進め，次々と新しい法律を制定していった。なかでも，1946（昭和21）年に交付された新憲法は，その第25条で，健康で文化的な最低限度の生活を国民の権利として「生存権」を規定し，社会福祉，社会保障および公衆衛生の向上および増進に関する「国の保障義務」を規定した。また，第11条で「国民の基本的人権の永久不可侵性」を規定した。その他「個人の尊重」(第13条)，「法の下の平等……」(第14条)，「居住，移転，職業選択，外国移住，国籍離脱の自由」(第22条)，「教育をうける権利，うけさせる義務」(第26条)，「勤労の権利・義務……」(第27条)を規定し，わが国の社会福祉，障害者福祉の理念をうたった。

障害児・者と密接に関連する主な法律には，1947年の「児童福祉法」，1949年の「身体障害者福祉法」がある。

「身体障害者福祉法」は，障害者福祉の中心的な法律であったが，障害を視覚，聴覚，肢体不自由などの固定的身体障害に限定し，主として中・軽度障害者の更生，職業復帰，職業的自立をめざしていた。身体障害者手帳の交付や装身具の支給，更生援護施設や更生相談所の設置を定めていたが，高齢者や重度障害者には手帳の交付はなかったなどの限界はあった。しかし，救貧ではなく，自立，更生をめざしたところに意義があった。

精神障害者に関しては，別に 1950 年に精神衛生法が成立し，私宅監置は廃止されたが，強制入院などの治安的色彩は依然として強かった。

なお，1948 年には世界人権宣言が採択された。

2) 高度経済成長期

1950 年代後半から 1970 年代前半には飛躍的に経済が成長した。この頃，都市化，過疎化，核家族化，少子・高齢化，公害問題などが出現した。

1959 年の国民年金法により，障害年金・障害福祉年金が支給されるようになったことは画期的なことであった。1960 年に「知的障害者福祉法（当時，精神薄弱者福祉法）」が制定され，成人の知的障害に対する根拠法となった。同じく 1960 年に「身体障害者雇用促進法」が制定され，軽度の身体障害者の一般企業での就労が促進された。また，1965 年には「理学療法士および作業療法士法」が制定され，1967 年には家庭奉仕員制度が制定された。1970 年には「心身障害者基本対策法」が制定され，国と地方自治体の障害者施策の統合が推進された。

なお，世界の流れは，1971 年に「知的障害者の権利宣言」があり，1975 年には「障害者の権利宣言」があった。1981 年は「国際障害者年」となり，1982 年は「障害者に関する世界行動計画」1983 年には「国連・障害者の 10 年」が開始された。

3) 福祉改革期

1984 年には「身体障害者福祉法」の改正が行なわれ，完全参加と平等をめざし，障害の拡大と施設の種類も増えた。1985 年は福祉改革論の年で，自助，互助，民間活力導入，行政改革等が議論された。1986 年には障害基礎年金が導入され，1988 年には障害者雇用制度の改正（対象の拡大など）があった。1990 年には「老人福祉法等社会福祉八法」の改正があり，地域福祉や地方分権が進んだ。1993 年には「障害者基本法」が制定され，心身障害者を障害者に改め，個人の尊厳に加え，あらゆる分野の活動に参加の機会を得ることが促進されることとなった。この年には，障害者対策に関する新長期計画や福祉用

具の研究開発および普及の促進に関する法律も誕生した。1995年には「障害者プラン～ノーマライゼーション7ヵ年戦略」が提案され，2000年には，高齢者や身体障害者等の公共交通機関を利用した移動の円滑化の促進に関する法律ができて高齢者や身体障害者等の自立がより促進される条件が整うこととなった。

この頃の世界の動きは，1990年にアメリカで，障害者に対する差別を撤廃した「ADA法（障害をもつアメリカ人法：Americans with Disabilities Act）」が成立し，1993年には「アジア・太平洋 障害者の10年」が始まった。

なお，わが国の精神障害領域では，宇都宮病院事件を契機に1987年に「精神保健法」が成立し，精神障害者の人権に配慮した適切な保護と医療と社会復帰の促進がはかられた。1995年には「精神保健及び精神障害者福祉に関する法律（精神保健福祉法）」が制定され，精神障害者保健福祉手帳制度の創設その他，疾患と障害が共存する精神障害の特徴に合致した保健・医療・福祉の包括的サービスの供給をめざした。1997年には，「精神保健福祉士法」が制定され，国家資格をもった専門職として精神保健福祉士が誕生することとなった。

なお，障害者観は，①無知と無関心による差別・偏見の段階，②憐れみ・同情の段階，③同じ欲求や権利をもつ人間として共生する段階，④障害は個性という段階へと変遷してきた（『障害者白書』平成7年版）。これにともなって，障害者福祉も，収容保護から在宅福祉へと変遷してきているが，こうした変化には以下にのべるノーマライゼーションなどの新しい理念が強く影響している。

3. ノーマライゼーション

1950年代にデンマークで芽生えたノーマライゼーションの思想は，1970年代にいたってイギリスではコミュニティケアの展開，アメリカでは，脱施設化運動および，自立生活運動をよびおこした。

(1) ノーマライゼーション思想

　知的障害者の領域で生まれてきた思想である。1800年代後半頃からヨーロッパにおいては，知的障害者は社会から離れて収容保護施設に収容されることが多かった。保護主義（プロテクショニズム）である。保護と同時に社会防衛的な意味もあったといわれている。こうした状況は1950年頃まで続いていたが，1952年頃，デンマークのコペンハーゲンにおいて「知的障害者の親の会」が巨大施設に収容されている子どもたちを地域に帰す運動を始めた。それまでとられていた保護主義からの決別であった。

　この親の会の運動を支えたのがバンク-ミケルセン（N.E. Bank-Mikkelsen）であった。ミッケルセンは第2次世界大戦中に反ナチズムの活動を行ない，人間が人間を差別する愚かさを知っていた。また，戦後は社会省に勤務して，知的障害者の施設における状況を把握していた。「誰もがいかなる状態であっても，あたり前つまりノーマルな生活をする権利があり，いかなる人びとも地域で共に住み合う生活こそ，人間らしいノーマルな状態である」[6]と考えたのである。これがデンマークの1959年法の「知的障害者の生活をできるだけ普通の（ノーマルな）生活状態に近いものにすること」へと結実した。

　ミッケルセンのノーマライゼーション思想は，スウェーデンのニルジェ（B. Nirge）にうけ継がれた。1968年にスウェーデンでも同様な知的障害者援護法が制定された。ニルジェはノーマライゼーションを「知的障害者の日常生活の様式や条件を社会の主流にある人びとの標準や様式に可能な限り近づけること」と定義している。そして，知的障害者がノーマルな生活をしていくための原理として，①一日のノーマルなリズム，②一週間のノーマルなリズム，③一年間のノーマルなリズム，④ライフサイクルでのノーマルな経験，⑤ノーマルな要求の尊重，⑥異性との生活，⑦ノーマルな経済的基準，⑧ノーマルな環境基準，の8つを挙げ，これらが保障されるべきだとした。ミケルセン，ニルジェとも障害者がノーマルな生活をするための社会環境の整備を重視していた。

ドイツ出身のヴォルフェンスベルガー（W. Wolfensberger）は，こうしたノーマライゼーション思想をアメリカやカナダに紹介し，アメリカのネブラスカ州でノーマライゼーションを実践した。ヴォルフェンスベルガーはノーマライゼーションの実現には社会的環境の整備だけでなく対人処遇のシステムづくりも重要と考え「PASS」（Program Analysis of Service System）を作成した。また，文化の重要性も指摘した。[8]

こうして，ノーマライゼーションの思想は，北欧から欧米・カナダ，それから全世界へと広がっていった。そして，ついには，国際連合による1971年の「知的障害者の権利宣言」，1975年の「障害者の権利宣言」，1981年から始まった「完全参加と平等」をかかげる「国際障害者年」の中に展開されるにいたった。

わが国ではこのノーマライゼーショの思想は，国際障害者年以降広まり，1984年の身体障害者福祉法の改正の中に「完全参加と平等」が織り込まれた。

なお，バリアフリーは，もともとは建築用語であり，建物内の段差解消等物理的障壁の除去という意味があった。しかし，社会の変化に伴って，しだいに，障害のある人が社会生活をしていく障壁（バリア）を除去する意味となり，現在はすべての人の社会参加を困難にしている物理的，社会的，制度的，心理的なすべての障壁の除去を意味するようになってきている。ノーマライゼーションとの関係は深い（『障害者白書 平成12年版』p.7）。

ユニバーサルデザインは，障害者や高齢者だけを対象としたものではなく，年齢や能力に関わりなくすべての人びとに適合する製品等をデザインすることをいう（『障害者白書 平成12年版』p.18）。これによって，障害者が特別扱いされるのではなく自然に社会に溶け込んでいけるとされている。これもまた，ノーマライゼーションとの関係が深い。

（2） コミュニティケア

イギリスの精神科治療の領域では，1940年代頃からデイケアが始まり，それが先鞭となって，一連の精神障害者の社会復帰のためのケアシステムができ

ていった。1957年の「精神障害者および知的障害者に関する王立委員会勧告」は，長期入院・入所者の多くは，適切な保健・福祉サービスによってコミュニティにおける社会復帰が可能であるとして，「病院からコミュニティへ」を唱えるものであった。そして，ここから，1968年の「シーボーム報告」にいたって，精神障害者に限らず，高齢者やその他の人びとに対するコミュニティを基盤とする地方自治体のサービス提供が方向づけられた。障害者や高齢者のためのシェルタードハウスやグループホームも増加した。

わが国では，コミュニティケアは1960年代の初期に紹介されていた。しかし，正式に「コミュニティケア」という用語が用いられたのは，1969年の東京都社会福祉審議会答申「東京都におけるコミュニティケアの進展について」においてであった。

コミュニティケアの定義は，1969年の東京都社会福祉審議会答申では「コミュニティにおいて在宅の対象者にたいし，そのコミュニティにおける社会福祉機関・施設により，社会福祉に関心をもつ地域住民の参加を得て行なわれる社会福祉の方法である」となっている。1977年のイギリス保健・社会保障省の定義は「『コミュニティ』という用語は，病院，ホステル，デイホスピタル，レジデンシャルホーム，デイセンター，そして訪問サービスを含む広範なサービスを包括する。『コミュニティケア』は，保健部局，地方自治体，民間組織，セルフヘルプ，または，家族や友人などいずれによる供給でも，プライマリ・ヘルスケアから上記のサービスまですべてを包含するものである」としている。

（3） 自立生活運動

ノーマライゼーション思想はアメリカでも脱施設化・グループホームの増加などと関連しながら障害者領域では自立生活運動として展開した。

障害者の自立生活とは，必要があれば他者の援助をうけながら自己決定権と選択権を行使できる生活をいう。つまり「依存による自立，自己決定による自立」に支えられた生活である。なお「自己決定による自立」は，程度にもよる

が，障害者がそれを選択するなら基本的には「危険を負う自由」も認めることになる。

　こうした自立を推進する自立生活運動（independent living：IL運動）は，アメリカでは1960年代後半から始まった。アメリカのカリフォルニア州バークレイ校でエド・ロバーツ（E. Roberts）が，その先鞭をつけたといわれている。ロバーツは1962年に車椅子に乗った障害者として初めて入学した。小児麻痺による重度の四肢麻痺があり，人口呼吸器をつけていたが，1972年に自立生活センター（CIL：Center for Independent Living）を設立し，地域の重度障害者の自立生活を支援するために「自立生活プログラム」を開始した。[8] そして，1978年のリハビリテーション法の改正で，第7章「自立生活のための総合施策」が制定され，1979年の連邦政府による補助金の交付を経て，自立生活運動は加速された。1990年には一連の障害者に対する諸法則の総集である「障害をもつアメリカ人法」（The Americans with Disabilities Act：ADA）が制定された。[9]

　わが国では1982年に「脳性マヒ者等全身性障害者問題に関する報告」が出された。しかし，障害者の自立生活を確保するための基本的な用件である，所得，住居と介助，社会活動に参加する機会，自立生活をめざす教育とリハビリテーションサービスの各保障が今なお不十分である。

　わが国の精神障害者の自立に関しては，1995年の「精神保健及び精神障害者福祉に関する法律（精神保健福祉法）」で，「社会復帰の促進およびその自立と社会経済活動への参加の促進」が挙げられているが第9章に詳述されているので，ここでは省略する。

　なお，わが国では1970年代後半頃から，同じ障害や病気をもつ仲間同士のセルフヘルプ（自助）運動も始まってきていたが，アルコール依存症者の断酒会などの活動を除いて，精神障害者のセルフヘルプ運動は，1990年代頃から活発になってきたといえる。

4. リハビリテーション

(1) リハビリテーションの歴史

　リハビリテーションは「re-」,「habilis」,「-ation」という3つの語から構成されているといわれている。「re-」は「再び」という意味であり,「habilis」はラテン語で「ふさわしい」という意味であり,「-ation」は「……にすること」という意味である。つまり「再びふさわしくすること」ということになる。古代ローマでは市民権の回復を意味し, 中世ヨーロッパでは教会の破門が解かれることを意味し, 近代社会では裁判上や商業上の名誉や資格, 権利の回復を意味するようになった。[12] リハビリテーションに相当する公用の日本語は「更生」であった。

　このリハビリテーション (以下,「リハビリ」と略記する) が, 医療・保健・福祉の領域で用いられ始めたのは, 第1次世界大戦後であった。アメリカでは1899年にすでに, 身体障害者のためにクリーブランド・リハビリテーション・センターが開設されていたが, 戦争による傷痍軍人や, 工場での事故での負傷者の社会復帰の必要性が認識されて, 1920年に「職業リハビリテーション法」が制定された。イギリスにおいても, 1941年に「障害者リハビリテーションに関する各省合同委員会」が設置され,「リハビリテーション」という言葉が公認された。なお, イギリスやアメリカで始まったリハビリは, まず職業に就かせるためであった。そのために医学的訓練が必要になったといえる。職業リハビリの法律が最初にできた所以である。なお, リハビリは歴史的には, まず, 戦傷者の職場復帰, 労務災害者の職場復帰, 次にそれ以外で障害をもった人たち, それから先天性の障害をもった人たちに対して適用されてきた。

　わが国では, 戦前にも肢体不自由児その他の障害者の施設や施策はあったが, 個人的な努力に留まっていることが多かった。

　1947年にアメリカでリハビリの専門医制度が発足し, 現代的な医学的リハ

ビリが体系化されたといわれる。わが国では1949年には「身体障害者福祉法」が施行され，1950年には現在の国立身体障害者センターが設置されていたが，リハビリテーション医学会が発足したのは1963年になってからであった。

1970年代には既述のノーマライゼーションの動きの中で，障害者領域だけでなく，高齢者領域でも，老人保健施設などの設置や，訪問リハビリの制度などで，リハビリの考え方や実施も進展をみせた。

(2) リハビリテーションの概念

1968年の世界保健機構（WHO）の定義によると，リハビリとは「障害の場合に機能的能力（functional ability）が可能なかぎり最高のレベルに達するように個体を訓練あるいは再訓練するため，医学的・社会的・教育的・職業的手段を併せ，かつ調整して用いること」である。ここで，「機能的能力」というのは，日常の身辺のことが処理できるだけでなく，社会の一員としての役割遂行も可能であることを含む。また，「最高のレベルに達する」とは，身体の一部が欠損した場合，他の部分で代償したり，装具で代償したり，あるいは，その部分を用いずに働けるように社会的条件を変えることによって，その人がもっとも高い能力を発揮できるようにすることである[11]。

リハビリには本人の意思と機能回復の訓練，ならびに社会の受け入れが必要であるが，一般的には，①医学的リハビリ，②社会的リハビリ，③職業的リハビリ，④教育的リハビリの4種類に分けることができる。

①医学的リハビリは，理学療法や作業療法を用いて損なわれた機能を回復すること，回復されずに残っている機能を代償することである。そして，いわゆる日常生活動作（ADL：Activities of Daily Living）の向上をめざすものである。

②社会的リハビリは，4つのリハビリのうちもっとも遅れて育ってきた概念である。ノーマライゼーション思想や自立生活運動の影響をうけている。社会的リハビリは，社会生活能力を高めると同時に，社会環境が社会的不利を与えている場合には，それを改善したり，取り除いたりすることである。福祉と同

義語(京極高宣監修『現代福祉学レキシコン』1998年)として用いることもある。そして,医学的リハビリを除いて,職業的リハビリも教育的リハビリも社会的リハビリも職業的更生・職業復帰,教育的更生・教育復帰,社会的更生・社会復帰というように,もとはその場において,ある場所や役割を占める意味をもっていた。それが,リハビリ概念の拡大によって,本人の自発性,主体性を尊重する職業的自立,教育的自立,社会的自立をよりめざすようになった。

このような一般的なリハビリに加えて,精神科リハビリテーションがある。精神科領域におけるリハビリテーションのことである。精神疾患の治療中である人が対象となる場合が多いので,医療的側面に,より注意を払いながら,本人の能力低下を回復させ,あるいは代償させると同時に環境条件の整備を行なって,職業的リハビリ,教育的リハビリ,社会的リハビリを行なっていく必要がある。

このほか,地域リハビリや,生活リハビリ,介護リハビリといった言葉があるが,これらは,今もその場において,その場を利用して行なうリハビリをさすことが多い。

③職業的リハビリとは障害者がふさわしい雇用を得たり,復帰できるように,計画的に職業指導や訓練,職業的サービスを提供することである。

④教育的リハビリもまた,ふさわしい教育が得られるようにする学校教育と関連する教育保障である。精神障害者の場合は生活教育や家族教育等を含めて考える場合もある。

なお,地域リハビリは,近年,注目を浴びてきたものである。日本リハビリテーション病院協会の定義では,「障害をもつ人びとや老人が,住み慣れたところで,そこに住む人びととともに,一生安全に生き生きとした生活が送れるよう,医療や保健,福祉および生活に係わるあらゆる人びとが行なう活動の凡てをいう。その活動は,障害者や老人のニーズに対して,① 身近で素早く,② 包括的,継続的,そして体系的に対応しうるものでなければならない,③ 活動が実効あるものになるためには,個々の活動母体を組織化する作業がなけ

ればならない,④家族や自分自身の問題として捉えることが必要である」となっている。

5. 生活の質（QOL）

（1） QOLの構造

1940年代末にアメリカで市民社会の幸福に関する研究として,生活の質（QOL：quality of life）に関する研究が行なわれていたが,わが国では1970年代以降,この生活の質への関心が高まったといわれている。既述のように1950年代後半から1970年代前半にかけては飛躍的に経済が成長した時期である。1970年代後半はその最盛期を過ぎて,人びとの生活が一段落した頃,社会福祉の領域でもノーマライゼーションの広まりや在宅福祉サービスが芽生え

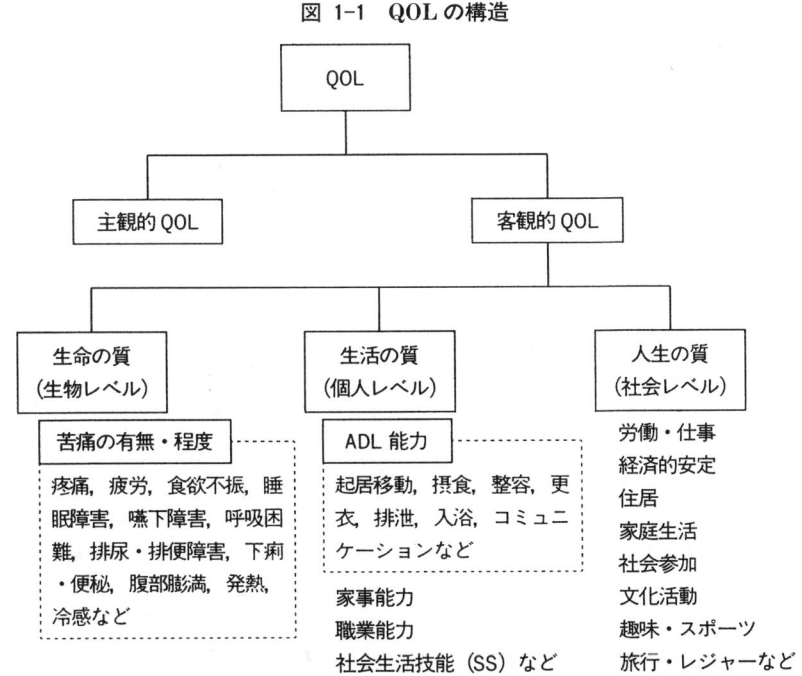

図1-1 QOLの構造

出所）山本和儀編『リハビリテーション介護福祉論』医歯薬出版 1997年 p.18

始めた頃であった。

図1-1はQOLの構造を示すものである。生命の質，生活の質，人生の質，どれもが相互に深く関わり，われわれに幸福感，安定感，快適感，達成感を与えてくれる。

（2） 生活の質（QOL）

「生活の質」は「生活」に対する精神的な満足度，快適性のことである。「life」は，既述のように「生命」「生活」「人生」に分けられるが，もっとも具体性を帯びているのは「生活」である。「生活」を物質的・貨幣的側面からみれば生活水準となり，精神的・非貨幣的側面からみれば生活の質となる。

生活の質をはかる指標として，国民所得に占める社会保障費の割合，進学率，余暇時間，生活満足度などがとりあげられている。その他『国民生活指標』があるが，松村祥子のいうように，一定の生活水準に達した国における生活の質は，「単に抽象的な生活満足感・充足感というより，多様化し高度化した生活関連商品やサービスの中で広がる生活様式の選択を，どのくらい自由に，どのように個性的に行なうことができるか」にかかっているといえよう[13]。つまり，自分に合った生活様式を主体的に選択できることによって，満足感，快適度が増すといえよう。

そして，このことが，社会福祉においてはADLからQOLへの流れを生み出したといえる。たとえば，従来の医学的リハビリでは健常者に近づくことが良しとされ，長時間かかっても衣服の着脱を自分で行なおうとした。それに対して，自立生活運動などでは，そうした場合の衣服の着脱は誰かの助力を得て短時間で済ませ，残りの時間は，自分の望むことにあてることによって，快適なQOLを維持しようとする。このことから生活の質のキーワードは，主体的な選択と，自立と自律のある生活を行なうこと，そしてそのための環境条件を整えること，ということになる。

なお，障害者や高齢者の生活と関係の深い介護の問題に関しても，当事者だけでなく，家族・介護者の生活の質を高める配慮，たとえばレスパイトケア

(respite care) などへの配慮が大切である。

注)

1) 澤村誠志編『リハビリテーション論　最新介護福祉全書④』メヂカルフレンド社　2000年　p.2
2) 佐藤久夫・亀山幸吉編『障害者福祉論　最新介護福祉全書③』メヂカルフレンド社　2000年　pp.94～95
3) 同上書　p.96
4) 金子光・小林富美栄編『成人看護学10　精神疾患患者の看護，系統看護学講座専門13』医学書院　1990年　p.276
5) 右田紀久恵・高澤武司・古川孝順編『社会福祉の歴史　政策と運動の展開』有斐閣選書　1983年　pp.232～233
6) 一番ケ瀬康子『一番ケ瀬康子社会福祉著作集第4巻　高齢社会と地域福祉』労働旬報社　1994年　p.73
7) 江草安彦『ノーマリゼーションへの道』全国社会福祉協議会　1995年　pp.50～51
8) 谷口明広「自立と援助―障害者の自立生活を通して―」大阪自立精神医学ソーシャルワーカー協会編『精神障害者福祉考　第8回日本精神医学ソーシャルワーカー協会全国研修会報告集』1989年　pp.11～13
9) 京極高宣監修・小田兼三ほか編『現代福祉学レキシコン第2版』雄山閣出版　1998年　p.376
10) 山本和儀編『リハビリテーション介護福祉論』医歯薬出版　1997年　pp.1～2
11) 精神保健福祉士養成セミナー編集委員会『精神科リハビリテーション学』ヘルス出版　2001年　p.4
12) 前掲書　9)　p.32

参考文献

石川准・長瀬修編著『障害学への招待』明石書店　1999年
ジーン・A. カルディエロ・モリス・D. ベル編著　岡上和雄・松為信雄・野中猛監訳『精神障害者の職業リハビリテーション』中央法規出版　1990年
山本和儀『共に学び，ともに生きる　ノーマライゼーションの理念と統合教育の実践』朱鷺書房　1995年
ピーター・コーリッジ著　中西由紀子訳『アジア・アフリカの障害者とエンパワメント』明石書店　1999年

総理府編『障害者白書 (平成12年版) ―バリアフリー社会を実現するもの作り』2000年　大蔵省印刷局
福祉士養成講座編集委員会『三訂介護福祉士養成講座4 リハビリテーション論』中央法規出版　2000年
竹内孝仁編『リハビリテーション概論』(介護福祉士選書4) 建帛社　1997年

第2章
障害および障害者

1. 障害の概念

（1） 障害とは

　障害とは，広辞苑第5版によると「① さわり。さまたげ。じゃま。② 身体器官に何らかのさわりがあって機能を果たさないこと。③ 障害物競走の略。」[1]である。「障害者」「障害のある人」という場合の障害は，何らかの「さわり」があり，その「さわり」のために何かが「さまたげ」られたり「じゃま」されたりしている状況にあることを意味する。ここでいう「さわり」とは，身体や精神の機能の低下・喪失，あるいは身体の一部の欠損のことである。すなわち，視聴覚障害，肢体不自由，内部障害，知的障害，精神障害などである。これが狭義の障害である。

　心身の機能の異常や低下は，日常生活のさまざまな活動や社会参加を「さまたげ」たり，「じゃま」することがある。そこで，心身の機能の低下だけでなく，それらによってもたらされる個人的・社会的なマイナスの影響まで障害の概念に含めようとするのが，広義の捉え方である。その代表的なものが，障害とは「疾患によって起こった生活上の困難・不自由・不利益」という上田敏の定義である[2]。1975年に国連総会で決議された「障害者の権利宣言」においても，第2項で「『障害者』という言葉は，先天性か否かにかかわらず，身体的または精神的能力不全のために，通常の個人または社会生活に必要なことを確保することが，自分自身では完全にまたは部分的にできない人のことを意味する」として障害者について広義の定義が示されている。

（2） 障害を説明するモデル

　障害とはどのようなものかを説明するために，これまでさまざまなモデルが

提示されてきた。代表的なものとして次のモデルがある。

1) WHO の障害構造モデル（1980 年版）

1980 年の国連総会で決議された「国際障害者年行動計画」では、「個人の特質である『機能・形態障害（impairment）』とそれによって引き起こされる支障である『能力障害（disability）』、そして能力障害の社会的な結果である『社会的不利（handicap）』の間には区別があるという事実についての認識を促進すべきである」として、障害には 3 つのレベルがあることが指摘された。これをうけて同年、世界保健機関（WHO: World Health Organization）は「国際障害分類試案」（ICIDH: International Classification of Impairments, Disabilities, and Handicaps）を発表した。そこに示されたのが、図 2-1 の障害の構造モデルである。まず、病気やけがから起こる機能の喪失や異常が機能・形態障害であり、それによって生活を遂行する能力が低下するのが能力障害、そのために通常の社会的な役割を果たすのが困難になることが社会的不利である。

たとえば、営業マンの A さんは、事故で脊椎損傷となり、両下肢が麻痺した（機能障害）。そのために歩行不能となり、排泄も入浴も一人では困難になった（能力障害）。そのため、A さんは、仕事をやめざるを得なくなり、外出して家族以外の人たちと会う機会もなくしてしまった（社会的不利）。しかし、A さんは、上半身の残存機能を活かすリハビリテーションに励み、車椅子で生活できるよう住宅改造を行なうことで、移動や身の回りのことがほぼ自分でできるようになった。さらに障害者用の乗用車にのって外出し、仲間とともに車椅子バスケットボールを楽しむまでになった。ただ外出しても歩道の段差や

図 2-1　国際障害分類試案（1980 年版）の障害構造モデル

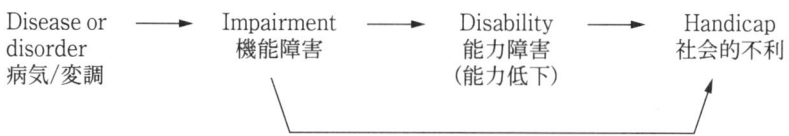

出所）WHO, *International Classification of Impairments, Disabilities, and Handicaps*. 1980.

第 2 章　障害および障害者　21

表 2-1　国際障害分類 1980 年版の 3 つのレベルの定義

機　能　障　害：心理的，生理的または解剖的な構造または機能のなんらかの喪失または異常である。
能　力　障　害：人間として正常とみなされる方法や範囲で活動していく能力の（機能障害に起因する）なんらかの制限や欠如である。
社会的不利：機能障害や能力低下の結果として，その個人に生じた不利益であって，その個人にとって（年齢，性別，社会文化的因子からみて）正常な役割を果たすことが制限されたりさまたげられたりすることである。

出所）　WHO, *International Classification of Impairments, Disabilities, and Handicaps,* 1980.
　　　厚生省大臣官房統計情報部訳『WHO 国際障害分類試案』厚生統計協会　1984 年

放置自転車のために車椅子では動けず困ることがあり，復職しようと思っても障害者に営業は無理だと人事担当者に取り合ってもらえずにいる（社会的不利）。このように，能力障害は，残存機能の活用やサービス利用によって補ったり軽減できることがある。また社会的不利は，能力障害がなくても偏見などのために機能障害からも起こりえるのである。

　このモデルは，障害の概念を生活レベルや社会的なレベルにまで拡大したことにおいて画期的であり，世界的に広く普及した。しかし，環境のありようによって能力障害や社会的不利は大きくかわるにもかかわらず，環境因子を考慮せずに能力障害や社会的不利を病気の結果と捉え，個人への治療を強調する医学モデルであること，また，病気・機能障害，能力障害，社会的不利がこのモデルに示されたように一方向でおこるとは限らないことなどが批判されてきた[4]。そのため 1990 年より改定作業が始められ，後述のように 2001 年に新しいモデルが提示されている。

　2）　上田敏の障害モデル

　上田は，前述の ICIDH のモデルを発展させ，図 2-2 に示すモデルを提唱した[5]。上田モデルでは，機能・形態障害を能力障害または社会的不利の原因となるか，その可能性のあるものとしたこと，能力障害については地域性・文化的条件および実用性を考慮すること，社会的不利に関しても基本的人権にまで

図 2-2 上田敏による障害の構造

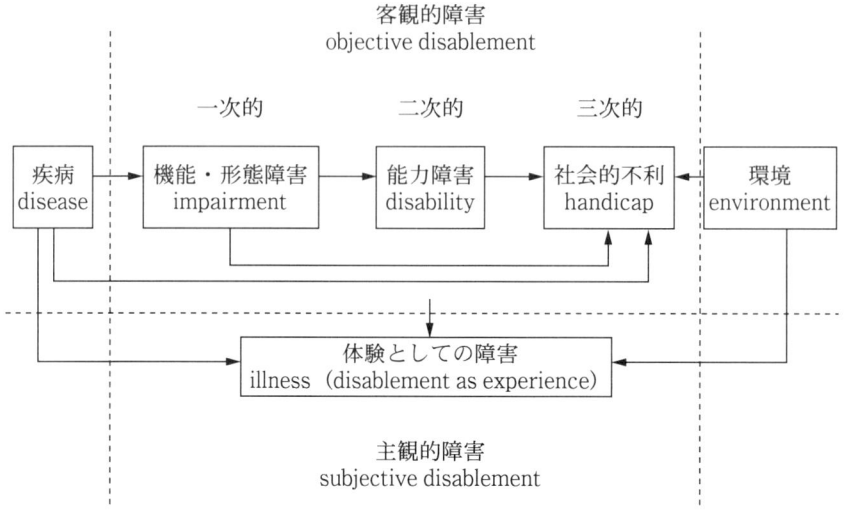

出所）上田敏『目でみるリハビリテーション医学』第2版　東京大学出版会　1996年　p.3

表 2-2 上田敏による障害の3つのレベルの定義

機能・形態障害：	障害の一次レベル。直接疾患（外傷を含む）から生じてくる。生物学的なレベルでとらえた障害である。能力障害または社会的不利の原因となる，またはその可能性のある，機能（身体的または精神的）または形態のなんらかの異常をいう。
能 力 障 害：	障害の二次的レベル。機能・形態障害から生じてくる。人間個人のレベルでとらえた障害である。与えられた地域的・文化的条件下で通常当然行なうことができると考えられる行為を実用性をもって行なう能力の制限あるいは喪失をいう。
社 会 的 不 利：	障害の三次レベル。疾患，機能・形態障害あるいは能力障害から生じてくる。社会的存在としての人間のレベルでとらえた障害である。疾病の結果として，かつて有していた，あるいは当然保障されるべき基本的人権の行使が制約または妨げられ，正当な役割を果たすことができないことをいう。

出所）上田敏『リハビリテーションを考える』青木書店，1983年　p.76, 79, 83

踏み込んだ捉え方をするといった点で，WHOの定義よりも，厳密で実用的なものになっている。

また，上田モデルには，前述の障害の3つのレベルを客観的障害とし，これとはまったく次元の異なる主観的障害である「体験としての障害」が位置づけられている。これは，「実存の次元においてとらえられた障害」であり，障害をどのようにうけとめ，意味付けするかということである。その中核は，障害のために自分の人間としての価値が低下したという「価値の喪失感」であって，社会の偏見が本人の心にはいりこんだものだという。

さらに，体験としての障害も社会的不利も環境との相互作用によって変化すること，機能・形態障害と能力障害がなくても疾患にかかったということだけで社会的不利を被ることがあることなども指摘されている。

3) WHOの障害構造モデル改定版（2001年版）

前述のICIDHの改定版（ICIDH-2）で，2001年5月にWHO総会で承認された「生活機能・障害・健康の国際分類」（ICF：Internatinal Classification of Functioning, Disability and Health）では，新しい障害構造モデルが示された[6]。それが図2-3である。

ICIDHが，疾病の「諸帰結」としての障害に焦点をあてたのに対し，ICFは，障害に限らず健康に関わる生活機能まで包括的にとらえようとする。そのため，初版の3つのレベルは，改定版では「心身機能・構造」「活動」「参加」という中立的な用語に置き換えられ，これらの否定的側面，すなわち「機能障害」「活動制限」「参加制約」を障害とみなす。つまり，障害は特定の人がもつものではなく，誰にでもあてはまりうる普遍的なものとして位置づけられた。

また，環境因子と個人因子が加えられ，モデルを構成する要素が相互に影響しあう可能性があることが示されている。ICIDHは，障害の原因が個人にあり，そのために障害への対応としては個人レベルの治療や行動変容，社会適応が中心となる「医学モデル」の立場をとっている。一方，医学モデルの対極にある「社会モデル」では，障害は個人の問題ではなく，環境上の要因が絡み合

図 2-3　国際障害分類改訂最終版（2001年版）の障害モデル

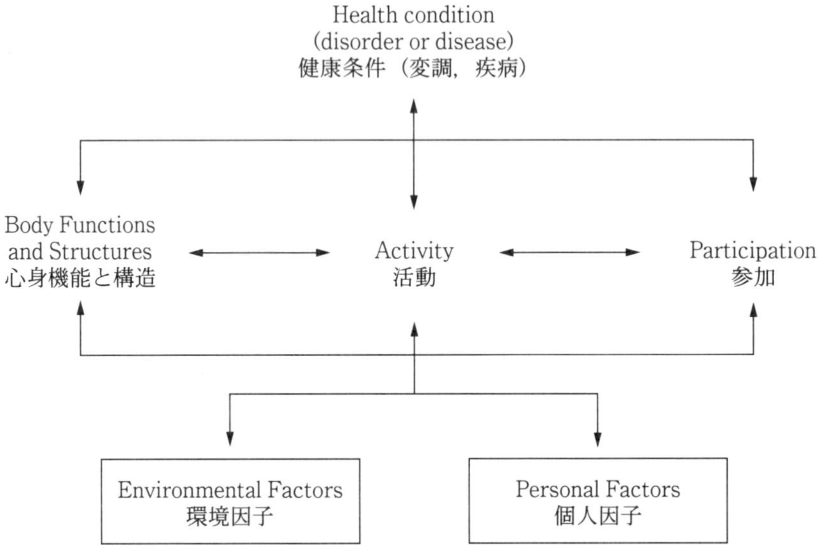

```
                    Health condition
                   (disorder or disease)
                    健康条件（変調，疾病）
                            ↕
        ┌───────────────────┼───────────────────┐
        ↓                   ↓                   ↓
  Body Functions         Activity           Participation
  and Structures    ←→    活動      ←→          参加
  心身機能と構造
        ↑                   ↑                   ↑
        └───────────────────┼───────────────────┘
                    ┌───────┴───────┐
                    ↓               ↓
           Environmental Factors   Personal Factors
               環境因子              個人因子
```

出所）　WHO, *International Classification of Functioning, Disability and Health*, Final Draft, 2001.

表 2-3　国際障害分類改訂最終版（2001年版）の障害モデルにおける要素の定義

心身機能：身体器官系の生理的機能（心理的機能を含む）である。
身体構造：器官，肢体とその構成部分などの，身体の解剖学的部分である。
機能障害：著しい変異や喪失などといった，心身機能または身体構造上の問題である。
活　　動：個人による課題または行動の遂行のことである。
参　　加：生活状況への関与のことである。
活動制限：活動の遂行において個人がもつであろう困難のことである。
参加制約：生活状況への関与において，個人が経験するであろう問題のことである。
環境因子：物理的，社会的，態度的な世界の特質であり，所与の領域において個人の実際行為に影響を及ぼしうるものである。

出所）　WHO, *International Classification of Functioning, Disability and Health*, Final Draft, 2001.
　　　春名由一郎「WHO国際障害分類（ICIDH）の改定」『精神障害とリハビリテーション』5(1)　2001年　p.65

って社会的に引き起こされた問題だととらえる。そのため，社会全体の責任で，障害をもつ人びとが社会生活に完全参加できるように社会環境を改善していくことが必要だと考える。ICIDHは，社会モデル派から特に強く批判されたため，改定版モデルは，生物・心理・社会的アプローチに基づく，医学モデルや社会モデルの両方に対応できる相互作用モデルとなった。

（3） 障害概念の動向

モデルに違いがあるように，障害・障害者の概念は，時代や地域，人によって異なり，さまざまにとらえられてきた。しかし，この数十年にわたって，いくつかの潮流がある。まず，障害概念の拡大化である。以前，障害は狭義の意味で使われることが多かった。しかも，わが国では，以前，疾患の症状が固定し，医療の対象とならない（病気ではない）ものが障害だとみなされた。病気と障害が共存することもあるという認識が広まる中，障害の範囲も少しずつ拡大しているが，依然，障害とは長期にわたるものであるとされている。一方，国連や欧米諸国では，一時的なもの，短期のものであっても障害だとみなしている。さらに，前述のモデルに示されているように，狭義の障害だけでなく，その生活への影響に目を向け，環境との関わりの中で障害をとらえていこうとするようになっている。

また，障害者を特別な人ではなく，障害をもつ普通の人としてとらえようとする流れが大きくなっている。歴史を振り返ると，障害者は健常者と区別されて特別扱いをされ，社会から排除されていたことがある。それに対し，「国際障害者年行動計画」では，「障害者は，その社会の他の異なったニーズをもつ特別な集団と考えられるべきではなく，その通常の人間的なニーズを満たすのに特別の困難をもつ普通の市民と考えられるべきである」とし，機能・形態障害を「個人の特性」とよんだ。

そして，障害のある人も，障害のない人と同様に，潜在能力や可能性をもった存在であることの認識が広がりつつある。これまで障害については，否定的な面ばかりが強調されてきた。たとえば，南雲直二は，障害には「苦」，「けが

れ——きたないもの,あるいは,おそろしいもの」,「できない」といった意味があることを指摘している[9]。障害をもつ人は,これらのイメージのために,保護あるいは社会防衛の名目のもとで,自分の生き方を自分で決める自己決定権や,自分の可能性を伸ばす社会参加の機会を奪われてきた。

しかし,障害があることが必ずしも不幸であるとは限らない。長期にわたってみたとき,障害をもっていても生活に満足している人は多い。そして,障害者支援の実践において,否定的な面ばかりみるのではなく,長所・強さに着目し,それらをさまざまな機会に活かすことが障害者の生活の質(QOL：Quality of Life)の向上につながることが明らかになっている[10]。

2. 障害分類

(1) 国際障害分類

国際障害分類は,さまざまな国の人びとが共通の概念をもってコミュニケーションすることを可能にする。そして,情報を収集し比較することによって人びとの障害の状態を明らかにしたり,個人レベルから国家レベルまで障害問題対策を策定し,評価することに役立てられている。次の2つの分類が基づくモデルについては,前節でのべたとおりである。

1) ICIDH(国際障害分類1980年版)

WHOは,従来より国際疾病分類(ICD：International Classification of Diseases and Related Health Problems)(現在はICD-10)によって死因や疾病の分析を行ってきた。健康対策の比重が伝染病などの急性疾患から生活習慣病や精神障害などの慢性疾患に移行し,事故などの後遺症も増加するなか,長期にわたって生活に影響を及ぼす障害への対策も重要となってきた[11]。そこで,対策の資料,政策やプログラムの評価のために作成されたのが国際障害分類であり,この2つの国際分類は相互に補完的なものである。

第1節でのべたように,ICIDHは「病気の諸帰結」,つまり病気や怪我の結果としてもたらされる状態や生活への影響を整理しようとするものである。モ

デルに示された障害の3つのレベルが大項目であり，小項目の合計は「機能・形態障害」1009項目，「能力障害」228項目，「社会的不利」7項目である。表

表 2-4　国際障害分類 1980 年版の大項目分類

機能障害 Impairment
1．知的機能障害
2．その他の心理的機能障害
3．言語障害
4．聴覚前庭系の機能障害
5．目の機能障害
6．内臓障害
7．骨格系の機能障害
8．変形による形態異常
9．全身性，感覚性およびその他の機能障害
能力障害 Disability
1．行動能力の低下
2．コミュニケーション能力の低下
3．個人ケア能力の低下
4．移動能力の低下
5．身体配置能力の低下
6．器用さの能力低下
7．状況の能力低下
8．特殊技能の能力低下
9．その他の活動の制限
社会的不利 Handicap
1．オリエンテーションに関する社会的不利
2．身体の自立に関する社会的不利
3．移動性に関する社会的不利
4．作業上の社会的不利
5．社会統合の社会的不利
6．経済自立における社会的不利
7．その他の社会的不利

出所）WHO, *International Classification of Impairments, Disabilities, and Handicaps,* 1980. 厚生省大臣官房統計情報部訳『WHO国際障害分類試案』厚生統計協会 1984年

2-4に大項目分類を示す。ICIDHの概念モデル（図2-1）では，これら3つの障害が明確に区別されているが，実際に分類する際には社会的不利と能力障害の区別がむずかしいことが指摘されてきた。

2) ICF（国際障害分類2001年版）

ICIDHの改定版であるICFの特徴は，障害と健康に関わる生活機能を包括的に捉えていることである。表2-5の構成要素概観に示されているように，ICFは，2つのパートから成る。それぞれの構成要素の定義は，前の表2-3に示したとおりである。

パートⅠは，「心身機能と構造」と「活動と参加」から成り，肯定的側面を生活機能（Functioning），否定的側面を障害（Disability）とよぶ。「活動」は個人レベル，「参加」は社会レベルであるが，何を「活動」（Activities）あるいは「参加」（Participation）ととらえるかは，地域や国によって異なるため，

表 2-5　国際障害分類改定版（2001年版）の構成要素概観

	パート1：機能と障害		パート2：背景因子	
	心身機能と構造	生活活動と参加	環境因子	個人因子
領　域	1. 心身機能 2. 身体構造	生活場面 （課題, 行動）	機能と障害への外的影響	機能と障害への内的影響
構成概念	心身機能（生理学的）の変化 身体構造（解剖学的）の変化	標準的な環境で課題を遂行する能力 現在の環境での課題遂行の実際状況	物理的・社会的および態度的な世界の促進影響あるいは妨害影響	個人の属性による影響
肯定的側面	機能的・構造的統合 生活機能	活動 参加	促進	適用外
否定的側面	機能障害 障害	活動制限 参加制約	障壁/妨害	適用外

出所）　WHO, *International Classification of Functioning, Disability and Health*, Final Draft. 2001.

この2つの要素を一つにまとめ,「活動」とするか「参加」とするか,あるいは両方に分類するかは利用者の選択に任せられる。また,これらは,能力(Capacity)と実際の状況(Performance)が食い違っている場合も珍しくないので,「能力」と「実際状況」の両方を確認することになった。

パートIIは,背景因子であり,「環境因子」(Environmental Factors)と「個人因子」(Personal Factors)から成る。「環境因子」には,物理的なものも人との接触も含めて,家庭,職場,学校のように個人を直接とりまくものと,個

表 2-6 各レベルの大分類(2001年改定最終版)の分類

心身機能 Body Functions	活動と参加 Activities and Participation
1. 精神機能	1. 学習と知識の応用
2. 感覚機能と痛み	2. 一般的な課題と遂行要求
3. 音声と発話の機能	3. コミュニケーション
4. 心血管,血液系,免疫系,呼吸器系の機能	4. 運動
5. 消化器系,代謝系,内分泌系の機能	5. セルフケア
6. 尿路性器と生殖器の機能	6. 家庭生活
7. 神経筋骨格系と運動に関する機能	7. 対人関係
8. 皮膚とそれに関連する構造の機能	8. 主要場面での生活
	9. 地域・社会・市民生活
身体構造 Body Structures	環境因子 Environmental Factors
1. 神経系の構造	1. 生産物と技術
2. 目・耳とその関連構造	2. 自然環境と環境に対して人間がもたらした変化
3. 音声と発話に関係する構造	3. 支持と人間関係
4. 心血管,免疫系,呼吸器系の構造	4. 態度
5. 消化器系,代謝系,内分泌系の構造	5. サービス,制度,政策
6. 尿路性器と生殖器に関係する構造	
7. 運動に関係する構造	
8. 皮膚とその関連構造	

出所) WHO, *International Classification of Functioning, Disability and Health*, Final Draft, 2001.
「活動と参加」の訳は,春名由一郎「WHO国際障害分類(ICIDH)の改定」『精神障害とリハビリテーション』,5(1) 2001年 p.65 より
他の部分については,1999年版と同一のところは国際障害分類日本協力センターによる訳,変更されたところは筆者の仮訳。

人に影響するサービスや制度的なものが含まれている。「個人因子」は，健康状態以外のところで，個人の生活に影響を及ぼすもので，性別，人種，年齢，教育，過去および現在の経験，生活習慣，などであり，環境因子との相互作用により生活機能の促進因子になったり，障壁になったりするが，これらについては分類の対象となっていない。

ICFでは，個人の生活機能を，あてはまるコード（項目）をリストアップすることで表現する。一般には2桁レベル（最大362コード），調査研究などのため詳細な情報が必要な場合は4桁レベル（最大1411コード）でコーディングが行なわれる。

(2) わが国の社会福祉法制度における障害

わが国では，障害がどのようにとらえられ，分類されているだろうか。社会福祉法制度上にみられる障害の概念規定と分類をみてみよう。

1) 障害者基本法

1970年に制定された「心身障害者対策基本法」が1993年に改正されて成立した「障害者基本法」では，障害者を「身体障害，精神薄弱または精神障害があるため，長期にわたり日常生活または社会生活に相当な制限をうける者」と定義づけている。つまり，わが国における障害者福祉施策は，ここに挙げられた3つの障害をもつ人が対象なのである。この規定で精神障害者がはじめて公的に障害者と認められるようになり，わが国の法制度上における障害の概念は拡大された。しかし依然，「長期にわたる」「相当な」制限をうけるとの条件がつけられ，福祉施策の対象者が限定されている。実際に福祉施策は，独立して制定された身体障害者福祉法，知的障害者福祉法，精神保健福祉法に基づいて行われている。

2) 身体障害福祉法

「身体障害者福祉法」では，第4条において身体障害者を「別表に掲げる身体上の障害がある18歳以上の者であって，都道府県知事から身体障害者手帳の交付をうけたもの」としている。別表とは身体障害者障害程度等級表（身体

障害者福祉法施行規則別表第5号）であり，次のように障害の種類が5つに区分され，障害の程度が障害別に最重度の1級から軽度の7級までの等級が示されている。① 視覚障害1級〜6級，② 聴覚または平衡機能の障害（聴覚障害2，3，4，6級，平衡機能障害3，5級），③ 音声機能，言語機能またはそしゃく機能の障害3，4級，④ 肢体不自由（上肢1〜7級，下肢1〜7級，1〜7級），⑤ 心臓，腎臓，呼吸器，膀胱または直腸，小腸，ヒト免疫不全ウイルスによる免疫の機能の障害（心臓機能障害，腎臓機能障害，呼吸器機能障害，膀胱または直腸の機能障害，小腸機能障害，ヒト免疫不全ウイルスによる免疫機能障害）1〜4級ただしヒト免疫不全ウイルスによる免疫機能障害以外は2級がない。

　①から④については機能の水準や身体の一部欠損といった機能障害が，⑤については日常生活における制限という能力障害が身体障害の判定基準になっている。これらの判定基準に該当し，身体障害者手帳を交付された者だけが，身体障害者福祉法に基づく福祉サービスの対象である。

3）　知的障害者福祉法

「知的障害者福祉法」では，知的障害者についての定義が設けられていない。1973（昭和48年）年の厚生事務次官通知によって療育手帳制度が始まり，知的障害児・者が各種の援護をうけるには，療育手帳の交付が必要となった。この療育手帳制度では，知能指数が35以下の者，または50以下で身体障害の1級から3級に該当する者で日常生活において常時介護を要する重度をA，その他をBと区分している。なお，従来は「精神薄弱」という用語が使われてきたが，1999年4月より「知的障害」が使われるようになった。

4）　精神障害保健福祉法

「精神保健および精神障害者福祉に関する法律（精神保健福祉法）」では，第5条において精神障害者を「精神分裂病，精神作用物質による急性中毒またはその依存症，知的障害，精神病質その他の精神疾患を有する者をいう」としている。また，第45条により，一定の精神障害の状態にある者が各種の支援を

うけられるよう促進することを目的として精神保健福祉手帳制度が1995年に創設された。この手帳の交付対象は，精神疾患を有する者（前述の第5条の定義による精神障害者）のうち，精神障害のため長期にわたり日常生活または社会生活への制約がある者（知的障害は含まれない）である。障害の程度は，重度のものから1級，2級，3級と次のように3等級に区分されている（平成7年9月12日厚生省保健医療局長通知「精神保健福祉手帳の障害等級の判定基準について」）。① 精神障害であって，日常の生活の用を弁ずることを不能ならしめる程度のもの。② 精神障害であって，日常生活がいちじるしい制限をうけるか，または日常生活にいちじるしい制限を加えることを必要とする程度のもの。③ 精神障害であって，日常生活もしくは社会生活が制限をうけるか，または日常生活もしくは社会生活に制限を加えることを必要とする程度のもの。この基準については，精神分裂病，そううつ病，非定型精神病，てんかん，中毒性精神病，器質精神病などの疾患別の機能障害と能力障害の状態の両方から総合的に判定される。

　以上，ここにみるように，社会福祉法制度では，障害者すなわちサービスの受給資格をもつ者を特定の機能障害の有無とその障害の程度によって規定している。つまり，わが国の公的な「障害者」は，狭義の定義に限定されているのである。そして，狭義の意味での障害者と認められなければ，障害者を対象とした福祉サービスは利用できない。

3. 精神障害の特性

（1） 精神障害とは

　わが国では，前述のように精神保健福祉法で精神障害者を「精神分裂病，精神作用物質による急性中毒またはその依存症，知的障害，精神病質その他の精神疾患を有する者をいう」としている。ICD-10では精神および行動の障害を，① 症状性を含む器質性精神障害，② 精神作用物質使用による精神および行動の障害，③ 精神分裂病，分裂病型障害および妄想性障害，④ 気分（感情）

障害，⑤神経症性障害，ストレス関連障害および身体表現性障害，⑥生理的障害および身体的要因に関連した行動症候群，⑦成人の人格および行動の障害，⑧精神遅滞，⑨心理的発達の障害，⑩小児期および青年期に通常発症する行動および情緒の障害，⑪詳細不明の精神障害に分類している。[12]

また，アメリカ精神医学会（APA : American Psychiatric Association）による「精神疾患の分類と診断の手引き　第4版」（DSM-IV : Diagnostic and statistical manual of mental disorders. Fourth edition）は，明確な診断基準を示し，国際的にもよく用いられているが，精神障害として，①通常，幼児期，小児期または青年期にはじめて診断される障害，②せん妄・痴呆・健忘および他の認知障害，③物質関連障害，④精神分裂病および他の精神病性障害，⑤気分障害，⑥不安障害，⑦身体表現性障害，⑧虚偽性障害，⑨解離性障害，⑩性および性同一性障害，⑪摂食障害，⑫睡眠障害，⑬適応障害，⑭人格障害，⑮その他，をあげている。[13]

わが国で，精神障害という用語が用いられるようになったのは，1948年に改訂されたICD-6のmental disorderが「精神障害」と訳されてからである。[14]しかしながら，従来，疾患の症状が固定し，医療の対象とならないものが障害とされてきたために，医療を要する精神障害者は，実質的には障害者とみなされてこなかった。その状況に対して蜂矢英彦は，上田敏の障害の定義をひいて，「陰性症状であれ陽性症状であれ，その症状の存在によって長期間にわたり日常生活上に困難・不自由・不利益が生じているのであれば障害はある」[15]とのべ，精神障害においては疾患と障害が共存していることを論じた。この考えは，精神障害者の法制度にも影響を及ぼし，1993年の障害者基本法改正で，精神障害者は，正式に障害者であることが認められたのである。

(2)　精神障害の特性

蜂矢は，上田モデルを修正したモデルを用いて精神障害を説明している。[16]図2-4がそれである。疾患と機能障害の間に斜めの波線があるのは，疾病と障害が共存していることを示すのだという。疾患と社会的不利が二重線で結ばれて

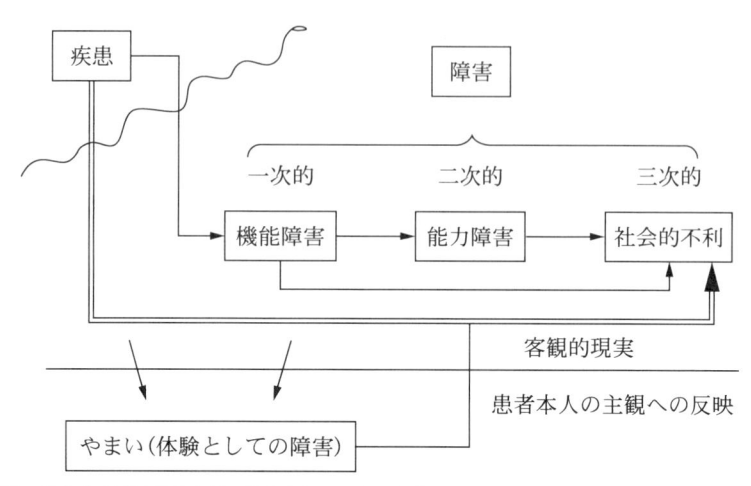

図 2-4 蜂矢の精神障害者における障害の構造

出所) 蜂矢英彦『精神障害者の社会参加への援助』金剛出版 1991 年 p.93

いるのは，精神疾患を経験したという経歴だけで，就職，住居探し，結婚などにも支障をきたすことを強調するためである。機能障害としては思考障害，知覚・注意・衝動・情動や気分・意志などの障害，能力障害として社会生活能力，対人関係能力，作業能力が挙げられている。また，体験としての障害についても，精神障害は本人にも周囲にも見えにくく，実社会に触れてはじめて明らかになることが少なくないため，本人は社会的不利に直面して深く傷つき挫折感を味わうことを指摘している。

山根寛は，精神障害の特性として，①疾患と障害の共存，②相対的独立性：機能障害，能力障害，社会的不利は，何らかの関係はあるが，それぞれ独立している，③相互の影響性：機能障害，能力障害，社会的不利は，相互に影響しあう，④環境との相互作用：環境によって障害は変化する，⑤障害の可逆性：障害も回復する可能性がある，の5つをあげた[17]。これらの特性は，ICFの障害構造モデル（図 2-3）に照らし合わせながら説明することもできる。

たとえば，①については，疾患と障害の関係は，ICFでは双方向の矢印で

あることに示されている。精神疾患の症状がそのまま生活機能の障害（機能障害，活動制限，参加）となりうると同時に，生活機能の状態も精神疾患の状態に影響する。②の例として，機能障害があっても活動制限や参加制約があまりない（日常生活に支障がない），妄想などの急性期の症状が治まり機能障害はとりたててなくとも活動や参加に支障がでている，何らの障害も残っていないのに精神疾患に罹ったことがあるために参加が制約されている，などがある。③については，機能障害のために日常の活動や参加に支障がおこることもあれば，反対に，孤立して家に引きこもったことから生活リズムが崩れて機能障害が再発するということもある。また，能力向上を目指して日々の生活課題に取り組むこと（たとえば食事の段取りを考えて調理する）をとおして，機能障害（考えをまとめるのが困難という思考障害）が改善されることなどは⑤の例にもなるだろう。④については，理解のある家族や友人などに支えられ，社会サービスを適切に活用できる環境であれば，活動や参加に大きな支障をきたさずに生活でき，再発の際も早期対応が可能となる。しかし，家族の問題や周囲の人びとの無理解，偏見，差別などがストレスとなって，障害の状態が悪化し，さらには再発のきっかけとなることもある。また，精神障害者自身がどのような人か，その年齢，性別，過去の経験，人柄などによっても，周囲の人びとの期待や対応の仕方，つまり環境は異なるだろう。

　このように精神障害は，疾患と障害が共存していて，その障害はさまざまな要因が絡み合って現れていることがわかる。精神障害をもつ人を理解するためには，障害の多面性に目を向け，環境との関わりの中でダイナミックに変化する状態像を柔軟に把握することが重要である。

注）
1) 『広辞苑』（第5版）岩波書店　1999年
2) 上田敏『リハビリテーションを考える』青木書店　1983年　p.73
3) WHO, *International Classification of Impairments, Disabilities, and Handicaps*. 1980. 厚生省大臣官房統計情報部訳「WHO国際障害分類試案」厚生統

計協会　1984 年
4) 佐藤久夫「WHO 国際障害分類試案への批判と修正動向」『リハビリテーション研究』73　1992 年　pp. 34〜37
5) 上田敏『リハビリテーションを考える』青木書店　1983 年
6) WHO, *International Classification of Functioning, Disability and Health* Final Draft. 2001.〈http://www.who.int/icidh/〉
7) Disabled Person's International, DPI Constitution, 1985.
8) 砂原茂一『リハビリテーション』岩波新書　1980 年
9) 大田仁史監修，南雲直二『障害受容』荘道社　1998 年
10) C. A. ラップ著，江畑敬介監訳『精神障害者のためのケースマネージメント』金剛出版　1998 年
11) 佐藤久夫「WHO 国際障害分類の試案の内容」『リハビリテーション研究』71　1992 年 pp. 38〜42
12) The, ICD-10 Classification of mental behavioural disorders, 1992, 1993 年厚生省版
13) American Psychiatric Association, *Diagnostic and statistical manual of mental disorders* (4th ed.), 1994.
14) 岡上和夫編著『精神保健福祉への展開』相川書房　1993 年
15) 蜂矢英彦「精神障害における障害概念の検討」『障害者問題研究』44（3）1986 年 pp. 9〜22, p. 16
16) 同上書
17) 山根寛「精神障害者に対する疾患・障害構造モデル」『病院・地域精神医学』1997 年 39　pp. 64〜69

参 考 文 献

上田敏『リハビリテーションを考える』青木書店　1983 年
蜂矢英彦『精神障害者の社会参加の援助』金剛出版　1991 年
佐藤久夫・小澤温『障害者福祉の世界』有斐閣　2000 年
大田仁史監修・南雲直二『障害受容』荘道社　1998 年

第3章
障害者福祉の基本施策

1. 障害者基本法

　1993年12月，障害者施策についての基本的理念と基本的事項を定めた法である障害者基本法が制定された。この法律は，1970年に制定された心身障害者対策基本法の改正法であるが，以下ではこの両法の内容を比較した上で，そこでの主な改正点をのべることにする。

　心身障害者対策基本法では，その目的に心身障害の発生予防と，そのための施策や医療，訓練，保護などをあげており，心身障害者の定義も，身体障害および精神薄弱等の精神的欠陥を有するため社会・日常生活上，長期にわたる相当な制限をうける者としている。

　一方，障害者基本法では，目的において障害の発生予防を後にしりぞけ，一番目に障害者の自立と社会経済，文化などあらゆる分野への参加の促進をあげ，障害者の定義においても身体障害，知的障害に加え，新たに精神障害を含めて，これらの障害により社会・日常生活において長期に相当な制限をうける者を障害者としている。

　ここで重要な点は，精神障害者が障害者基本法において明確に身体障害・知的障害と並び障害者福祉施策の対象とされたことである。精神障害者はわが国においてこれまで長い間，福祉の対象としてではなく医療の対象とされてきた。心身障害者対策基本法が制定された1970年当時，精神科医療においては，精神障害者に対する社会防衛的な観点から，精神障害者の精神病院への隔離・収容的な対応が行なわれ，また医療法上も精神病床については，人員配置が一般病床に比べて，医師数が患者48人に1人，看護婦等数が患者6人に1人でよいとする精神科特例により，慢性的な人手不足とそれによる医療サービスの

レベル低下などを招き，精神病院の地域社会からの閉鎖性ともあいまって，日本の各地で精神病院内での患者の人権侵害や不祥事が多発した時期であった。

　このように精神障害者施策が医療施策に限定され，加えて医療施策の内容が低位に据え置かれたわが国の精神科医療と精神障害者に対して，精神障害者の人権の擁護について初めて法的にうたわれたのは1987年の精神保健法によってであるが，そこでも精神障害者は福祉の対象とされずに医療施策の枠内におかれ，障害者福祉法によってようやく障害者福祉施策の対象に組み込まれたわけである。しかも，これまでは身体障害に代表されるように障害が固定された状態をもって障害者と規定していたのが，改正法では精神障害のように疾病に起因し，症状が動揺的で障害の程度も流動的であっても，その障害の状態によって日常生活上相当な制限をうけるとして障害者に規定したことの意味は大きい。

　もうひとつ重要な点は，心身障害者対策基本法の第1条で目的の柱にしている障害の発生予防にかえて，障害者基本法では障害者施策の総合的，計画的な推進と，障害者の自立と社会参加を法の目的の大きな柱にしている点である。そしてそのことを，障害者基本法第3条の基本的理念で「すべて障害者は社会を構成する一員として社会の経済，文化その他の諸活動に参加する機会を与えられる」と強調している。ではなぜ障害の発生予防を法の目的から除外したのかということだが，心身障害者対策基本法では障害のとらえ方の前提として，いわゆる健常な状態を平均とし，その上で障害をできるだけ健常に近づける，そのための施策，医療，訓練，保護，教育，雇用の促進などを行なうことを目的としている。つまり健常である者と障害のある者との間の優劣を言外に含んでいる内容であるといえよう。いいかえれば，心身障害者対策基本法でその目的としている障害の発生の予防は，劣った個体，弱い個体の発生を予防するという意味につながり，そしてそのことが健全な社会の発展には不可欠であるという優生思想を含んだ内容といえる。

　しかし，1975年の国連による障害者の権利宣言において，「障害者は，その

人間としての尊厳が尊重される生まれながらの権利を有している。障害者はその原因，特質および程度にかかわらず，同年齢の市民と同様の基本的権利を有する」とうたわれ，1981年の国際障害者年においては「完全参加と平等」がスローガンとされたように，障害者がその障害によって，人間としての優劣が決められることはなく，また社会的な不利益もこうむることはないという考えを基本的理念とするノーマライゼーションの世界的な流れは，わが国にも大きな影響を与え，その現われとして前述のように障害者基本法の基本理念において障害者の社会のあらゆる分野への参加がうたわれ，その一方で障害者に対する差別感や優生思想を内包する障害の発生予防が法の目的から除かれたと考えられる。

この視点でさらに両法の比較を進めていくと，心身障害者対策基本法の第4条，国および地方公共団体の責務では「国および地方公共団体は，心身障害の発生を予防し，および心身障害者の福祉を増進する責務を有する」とあるが，障害者基本法の第4条，国および地方公共団体の責務では「国および地方公共団体は，障害者の福祉を増進し，および障害を予防する責務を有する」とある。また旧法の第9条では，心身障害の発生予防に関する基本的施策として「国および地方公共団体は心身障害発生の原因とその予防に関する調査研究の促進と発生予防のために必要な知識の普及，母子保健対策の強化，また心身障害の原因となる疾病の早期発見・早期治療その他必要な施策を行なう」とあるが，新法では第26条2項において，障害の予防に関する基本的施策として「国および地方公共団体は障害の原因および予防に関する調査研究の促進と，障害の予防のために必要な知識の普及，母子保健等の保健対策の強化，障害の原因となる傷病の早期発見・早期治療の推進その他必要な施策」と規定している。ここにおいても，心身障害者対策基本法ではその法の目的と同じく，心身障害の発生予防を責務として重視しているが，障害者基本法では，発生という遺伝的要因が含み取れる文言を法文上から廃し，優生思想の色合いを打ち消している。

では，障害者基本法で国および地方公共団体の責務としている障害の予防とは何かということだが，この法が障害発生の予防のための対策を含んでいることは，「母子保健対策や障害原因となる傷病の早期発見・早期治療」などから明らかであるが（精神保健及び精神障害者福祉に関する法律では，その法の目的に精神障害の発生の予防という文言を入れているが，この場合の発生予防とはその障害の原因となる精神疾患の発病を予防し，あるいは早期発見・早期治療によって日常または社会経済生活上において不利な状態に陥ることを防ぐそのための施策を行なうという，疾病性を根拠としたものであろう），それにとどまらず障害に起因する不利が障害者自身の日常生活や社会参加に際しての障壁とならないための，その防止義務を負うことを含んでいると理解するほうが妥当と思われる。障害者が日常生活を維持し，社会経済活動に参加していく上で障壁となるさまざまな要因，具体的には道路や建築物の構造などの物的な障壁，欠格条項などの制度的な障壁，生活情報の遮断などの情報的な障壁，差別や偏見などの心の障壁を取り除いていくこと，いわゆるバリアフリーを行なっていく責務を国や地方公共団体に課した条文であるといえよう。

　そのほか障害者基本法における大きな改正点や特徴として，毎年12月9日を新たに障害者の日と定め，国民が障害者福祉についての関心と理解を深め，また障害者が積極的に社会参加をしていく意欲を高めることを目的としたことと，国に障害者基本計画の策定を義務付けるとともに，都道府県，市町村においてもそれぞれのレベルで障害者計画を策定する努力を行なうことを規定したことである。旧法においては，施策の基本方針は心身障害者の年齢や種別，程度に応じて総合的に策定され実施されなければならないという抽象的な努力規定にとどまっていた。しかし改正法では国に障害者基本計画の策定を義務付け，地方公共団体に対しては努力規定にとどまったとはいえ，独自に障害者基本計画の策定を求めたことで，障害者施策をより具体的で実効性のあるものにしようとする意図をみることができる。そして障害者施策の実効性や進捗状況についての検証を図る目的で，政府に毎年国会で障害者施策の概況を報告する

義務を課している。

心身障害者対策基本法が制定された1970年当時は，コロニーとよばれる入所人員が200人を超すような巨大施設が全国的に設置された時期であり，障害者の施設処遇が一般的であった。そのため旧法では在宅生活における障害者の生活支援を明確な目的とする条文はみられないが，それが近年ノーマライゼーションの進展に併せて，脱施設化による在宅ケアやあるいは小規模施設，グループホームなど，障害者が自宅や自宅の雰囲気に近い環境において，地域社会との関係の中で生活をしていく方向にむけての施策全体の展開にあわせて，改正法では第10条2項において，国と地方公共団体に障害者の年齢や障害種別，障害の程度などに応じて施設の入所やその利用および在宅障害者への支援を施策として行なうことを規定している。これは障害者による施設の入所利用のほかに，ショートステイや通所デイサービスを利用することによって，障害者を取り巻く家族などの介護負担等を軽減さすこと，そして障害者の在宅での生活を可能にし，その日常生活を維持するための援助としてホームヘルプサービスを行なうことを規定した条文であり，国と地方公共団体は障害者やその家族に対して，在宅3本柱といわれるホームヘルプサービス・ショートステイ・デイサービスなどの在宅福祉サービスを提供しなければならないことを明らかにしている。

これまでホームヘルプサービスは高齢者と身体障害者，知的障害者に対しては行なわれていたが，精神障害者には行なわれなかった。これは精神障害者が主に医療の対象とされ，福祉の対象とはされなかったことにもよるが，それが改正法によって在宅の精神障害者に対してもホームヘルプサービスが行なわれる，その法的根拠となった意義は大きい。

また障害者の雇用促進等について，旧法では雇用促進のため心身障害者に適した職種・職域については心身障害者の優先雇用と，それに伴う施設や設備に対する整備の助成等必要な施策を行なうとあるが，現実的には障害者の雇用は事業主の篤志にまかされる部分が大きいため，障害者を雇用する事業所の数は

なかなか増えないというのが現状である。

　そこで改正法では事業主に対しても障害者の能力に対する正当な評価を行ない，適当な雇用の場を与え，雇用の安定を図る努力を求めており，その一方で障害者を雇用した事業主に対しては，国や地方公共団体が障害者雇用に伴う事業主の経済負担の軽減と，雇用促進，雇用継続のための費用の助成を行なうとしている。これによって事業主も積極的に障害者を雇用する努力を行なっていくことが規定され，それにあわせて事業主が障害者を雇用することで生じる経済負担に対しては，公共団体がそれを担保するということによって，障害者雇用の推進を明確でより具体的なものにしている。

　障害者基本法では障害者が社会，経済，文化等のあらゆる分野に参加できるよう，その促進を法の目的にしていることは先にのべたが，その具体化として公共施設や公共交通機関などにおいて，障害者が利用をしやすくするためにその構造や整備について便宜を図ることを規定して，障害者への物的なバリアフリーを図っている。また視聴覚障害者にとって不利になりやすいさまざまな情報の入手については，障害者が的確で十分な情報を利用でき，そして自らの意思を伝達できるように，その情報提供施設や情報手段についての整備を行なうことによって情報的なバリアフリーを行なうことを盛り込んでいる。そして，障害者が地域で生活を維持し，社会参加を行なっていく上での深刻な障壁となる，国民の障害者に対する誤解や偏見，差別などの心のバリアを取り除いていくために，国および地方公共団体に対して，国民の障害者に対する正しい理解を深めるよう必要な施策を講じることを義務付けている。

　心身障害者対策基本法には，心身障害者に関する基本的・総合的な施策についての調査審議や，施策を推進していくために，内閣の諮問機関として中央心身障害者対策協議会が設置されているが，その委員は関係行政機関の職員および学識経験者による構成であった。これが改正法では名称が中央障害者施策推進協議会にかわり，委員についても従来の関係行政職員，学識経験者だけでなく新たに障害者および障害者の福祉に関する事業に従事する者も中央協議会の

構成委員に加えられた。これにより障害者の社会生活上での問題点や要望，意見などが，その当事者または関係者からより具体的に挙げられ，障害者施策に反映される可能性を示した。同時に，障害者自身がこれまでの「施される」立場から，積極的に自分たちの社会生活上，権利上の政策決定に関与していくことが法文上では明確にされたといえる。

　これまでみてきたように，障害者基本法ではノーマライゼーションの実現を法の目的に掲げ，そのために必要な施策を行なっていくこと，そして精神障害者も福祉施策の対象とすることを明確にしているが，しかしながら精神障害者に対する施策そのものの遅れや不十分さは否めない。その一つは精神障害者に対するホームヘルプサービスである。ホームヘルプサービスは障害者が地域で生活を行なっていく上でショートステイやデイサービスとともに欠かせないものであるが，在宅の精神障害者へのホームヘルプサービスについては1999年の精神保健福祉法改正において，2002年4月より地方公共団体による精神障害者ホームヘルプ事業が行なわれることを規定した。しかし障害者基本法において精神障害者を含む障害者に対して，国や地方公共団体がホームヘルプサービスなどの在宅生活支援を行なうことを規定したにもかかわらず，精神障害者に関しては法制定後からその実現までに9年もかかったということは，とりもなおさずこの間の国・地方公共団体の精神障害者福祉施策への対応が遅れているといわざるを得ない。地方公共団体が精神障害者に対する保健福祉に関してのノウハウを有していないなどの理由はあるにせよ，障害者基本法によって規定された福祉サービスが障害の種別によってその実施時期に優先順位が付けられるというのは，住民サービスの観点からいっても問題であり，不公平感がある。

　2つめは障害者の雇用促進に関してであるが，1988年の「障害者の雇用の促進等に関する法律」においては精神障害者もその法律の対象になってはいるが，企業等における障害者の実雇用率の算定から精神障害者は除外されているのが実情である。労働が人にとって生きがいという面においても，社会への帰

属感という面においても重要なことはいうまでもなく，それは精神障害者にとっても同様であることから，精神障害者を実雇用率に組み込むことや，企業などの雇用を妨げているものが精神障害者への誤解や偏見であるならば，その是正を国・地方公共団体が積極的に行なう必要がある。また職業紹介・斡旋の第一線機関である公共職業安定所には，精神障害者担当職業相談員が配置されているが，多くは非常勤の職員であり待遇も不十分な状況にある。精神障害者の雇用促進を公的な施策として行なっていくのであれば，これらの点をまず見直し，改善していく必要がある。

2. 障害者プラン

国際連合は，1981年を国際障害者年と定めた。そしてその主旨である「完全参加と平等」を具体的なものにしていくために，翌1982年には「障害者に関する世界行動計画」を採択し，1983年から1992年までの10年間を「国連・障害者の10年」と宣言して，加盟各国に行動計画の策定と障害者福祉の増進を提唱した。

わが国においては，これをうけて1982年に「障害者対策に関する長期計画」を決定し，さらに「国連・障害者の10年」の中間年に当たる1987年には「『障害者対策に関する長期計画』後期重点施策」を決定，障害者に対する保健・医療，福祉教育，雇用等の分野における総合的な施策の推進と，ノーマライゼーションの理念の国民への浸透を図るとともに，障害者に対する施設処遇中心の施策から，地域福祉・在宅福祉の施策への転換を行なってきている。

一方この間に，わが国においては急速な少子高齢化が進み，将来的には世界に類をみないほどの超高齢社会になるとの予測がなされ，来たるべき高齢社会における介護や保健・医療，財源，人材などの問題や課題に対応していく施策の必要性もまた急務となった。このような事態をうけて，1989年には中央社会福祉審議会・身体障害者福祉審議会・中央児童福祉審議会の3審議会からなる福祉関係3審議会合同企画分科会が『今後の社会福祉のあり方について』の

意見具申を行なうが，その主な内容は以下の4点である。
① 市町村の役割重視
② 公的在宅福祉サービス供給主体の拡大を図るための社会福祉事業範囲の見直し
③ 民間事業者，ボランティア団体など多様な福祉供給主体の育成
④ 地域で福祉・保健・医療の各種サービスが有機的に連携して供給される体制

そして同年12月には「高齢者保健福祉推進10ヵ年戦略（通称ゴールドプラン）」が策定された。これは市町村での高齢者在宅福祉対策の緊急整備に向け，ホームヘルパーの数や在宅介護支援センターの設置数など，具体的なサービスの数値目標を示したものであった。さらに1990年には老人福祉法等の一部改正が行なわれ，ホームヘルプサービスやショートステイ，デイサービスなどの在宅福祉サービスが第2種社会福祉事業に位置付けられた。また1991年には身体障害者施設入所や特別養護老人ホーム，養護老人ホームなどへの入所措置権が都道府県から市町村に委譲されるなど，市町村で在宅福祉サービスや施設福祉サービスが医療福祉サービスとの連携の元に一元的に実施される体制が作られた。そして1992年には福祉従事者の確保を推進していく目的で福祉人材法が制定されるなど，ゴールドプランの実効性を担保する目的で法改正や施策が行なわれた。

このように，国際障害者年を皮切りとする「国連・障害者の10年」は，わが国においては障害者のノーマライゼーション実現のための施策だけでなく，わが国における高齢化社会の到来に対応し，加齢に伴う何らかの障害を有する高齢者が地域社会で日常生活を送ることができるための，いわば高齢者のノーマライゼーションの施策も並行して行なわれたのである。

「国連・障害者の10年」が終了する1992年，国連アジア太平洋経済社会委員会（ESCAP）は引き続き「アジア太平洋 障害者の10年」（1993〜2002年）を宣言し，同年よりスタートさせているが，わが国においても「アジア太平洋

障害者の10年」と歩調を合わせる形で，1993（平成5）年から2002（平成14）年までの10年間をめどに「障害者対策に関する新長期計画―全員参加の社会づくりをめざして」を策定した。「新長期計画」においては，"ライフステージのすべての段階において全人間的復権を目指す"「リハビリテーション」，"障害者が障害をもたない者と同等に生活し，活動する社会を目指す"「ノーマライゼーション」，「完全参加と平等」という理念と目標を前提に，その基本的考え方として次の5点を挙げている。

① 障害者の主体性，自立性の確立
② すべての人の参加によるすべての人のための平等な社会づくり
③ 障害の重度化・重複化および障害者の高齢化への対応
④ 施策の連携
⑤ 「アジア太平洋 障害者の10年」への対応

また具体的な施策としては，(1)啓発広報，(2)教育・育成，(3)雇用・就業，(4)保健・医療，(5)福祉，(6)生活環境，(7)スポーツ，レクリエーションおよび文化，(8)国際協力の8分野を挙げている。

「新長期計画」においては，身体障害，知的障害，精神障害のそれぞれの障害について各分野ごとに具体的な目標や方策が掲げられているが，しかし一方で「新長期計画」は従来の障害別や年齢別の枠組みにとらわれ過ぎており，十分に障害者のニーズに応えられていないという指摘や，ゴールドプランのような具体的な数値目標が示されていないなどの点が課題として残ったため，1995年12月には施策課題達成のための具体的な数値目標を盛り込んだ「障害者プラン～ノーマライゼーション7カ年戦略～」が策定された。

障害者プランは，その位置付けとしては「障害者対策に関する新長期計画」に盛り込まれている施策の具体化を行なっていくための重点施策実施計画であり，障害者プランの実施期間は「新長期計画」の最終年次にあわせて1996年から2002年までの7カ年計画である。またプランの特徴としては，まず1点目は先にのべたようにノーマライゼーション実現にむけての障害者施策の各分

野において，その課題達成に必要な数値目標を具体的に示したことと，2点目は知的・身体・精神の各障害それぞれにおいて福祉施策の目標や具体化のための方策が示されているが，必ずしも障害種別の枠にとらわれず，障害者施設の利用などに際しては，障害の枠を越えた相互利用を想定した障害者施設体系の見直しや，施設・サービスの総合的利用の促進をうたっている。そして3点目には旧厚生，労働，文部などの各省庁がそれぞれの行政範囲にとどまらず，関係省庁の施策を横断的にプランに盛り込んでいる点である。

障害者プランでは「ライフステージのすべての段階において全人間的復権を目指す」リハビリテーションと，「障害者が障害のない者と同等に生活し，活動する社会を目指す」ノーマライゼーションの理念を基本に，以下の7項目を施策の重点的な柱としている。

（1） 地域で共に生活するために

障害のある人びとが社会の構成員として地域の中で共に生活を送れるよう，住まい，働く場・活動の場や必要な保健福祉サービス等が的確に提供される体制の確立。

　　○住まい(公共賃貸住宅，グループホーム等)や働く場(授産施設)の確保
　　○障害児の地域療育体制の構築
　　○精神障害者の社会復帰・福祉施策の充実
　　○介護サービス（ホームヘルパー，入所施設等）の充実
　　○移動やコミュニケーション支援など社会参加の促進
　　○難病を有する者への介護サービスの提供等

（2） 社会的自立を促進するために

障害の特性に応じたきめ細かい教育体制の確保および障害者がその適性と能力に応じて可能な限り雇用の場に就き，職業を通じて社会参加できるような施策の展開。

　　○各段階ごとの適切な教育の充実
　　○法定雇用率達成のための各種雇用対策の推進

○第３セクター重度障害者雇用企業等の設置促進等
（３）　バリアフリー化を促進するために
　障害者の活動の場を広げ，自由な社会参加が可能となる社会にしていくため，道路，駅，建物等生活環境面での物理的な障壁の除去への積極的な取り組み。
　　　○車椅子がすれ違える幅の広い歩道の整備
　　　○公共交通ターミナルにおけるバリアフリー化の推進
　　　○高速道路等のSA・PAおよび「道の駅」における障害者への配慮
　　　○公共性の高い民間建築物，官庁施設のバリアフリー化の推進等

（４）　生活の質（QOL）の向上をめざして
　障害者のコミュニケーション，文化活動等自己表現や社会参加を通じた生活の質向上を図るため，先端技術を活用しつつ実用的な福祉用具や情報処理機器の開発普及等を推進。
　　　○福祉用具等の開発研究体制の整備
　　　○情報通信機器等の研究開発・普及
　　　○情報提供，放送サービスの充実，スポーツ，レクリエーション振興等

（５）　安全な暮らしを確保するために
　災害弱者といわれる障害者を災害や犯罪から守るため，地域の防犯・防災ネットワークや緊急通報システムの構築，災害を防ぐための基盤づくりを推進。
　　　○手話交番の設置，手話バッジの装着の推進
　　　○ファックス110番の整備
　　　○災害時の障害者援護マニュアルの作成・周知等

（６）　心のバリアを取り除くために
　ボランティア活動等を通じた障害者との交流，さまざまな機会を通じた啓発・広報の展開による障害および障害者についての国民の理解の増進。
　　　○交流教育の推進
　　　○ボランティア活動の振興

○精神障害者についての社会的な誤解や偏見の是正等

（7） わが国にふさわしい国際協力・国際交流を

わが国の障害者施策で集積されたノウハウの移転や施策推進のための経済的支援を行なうとともに，各国の障害者や障害者福祉従事者との交流を推進

○ ODA における障害者への配慮，国際協調の推進等

障害者プランにおいて示された数値目標は，知的・身体・精神の3障害者を対象に，①住まいや働く場ないし活動の場の確保，②地域における自立の支援，③介護サービスの充実という3項目の課題に対して，その達成に必要な施設数やマンパワーの人数を 2002 年を達成年限として具体的にあげているが，ここでは精神障害者についての数値目標を示しておく。

この数値目標では，生活訓練施設や福祉ホーム，グループホームなど入所型（住居提供型）施設の設置目標が高く，また精神科デイケア施設の数値目標も高い水準であるが，これらは精神障害者の福祉施策と医療施策の両方の要請からきたものと考えられる。

わが国の精神病院の病床数は 1999 年 6 月現在で約 34 万 9,000 床あり，医療法における必要病床数からすると 2 割程度過剰とされる。また 1998 年 10 月の時点で精神病院入院者の平均在院日数は 423.7 日と，一般病院の 32.8 日と較べて圧倒的に長いが，全入院者の半数近くが 5 年以上入院期間の患者であり，一方，新入院患者の 9 割が 1 年以内に退院していることから，精神病院においては短期入院患者と長期入院患者の二極化がいちじるしい傾向にある。そして 1999 年度国民総医療費にしめる精神医療費の割合は 5.3％にすぎないが，精神医療費の中で入院医療費の占める割合は 81％ と高率である。

これらから，わが国の精神医療は，過剰な精神科病床，長期の在院日数，短期入院と長期入院の二極化，医療費のうちで入院医療費の割合が高率という点で特徴づけられる。しかも入院患者のうち 2 割以上は，地域での受け入れ体制や生活支援などの何らかの条件が整えば退院の可能性がある社会的入院者であるといわれている。

このようなわが国の精神医療状況に対して，1992年に厚生省の諮問機関である厚生科学研究「今後の精神医療のあり方に関する研究」班が作成した報告では，その重点項目として当時入院患者約35万人のうちの社会的入院患者2割について，地域ケアを充実させることによって退院を促進し，併せて36万床ある精神病床数のうちの約9万床を削減すること，また約9万床のうち約半

表 3-1　平成14年度，社会復帰施設数値目標

施設	ヵ所（人分）	備考
社会復帰施設		
生活訓練施設（援護寮）	300ヶ所 6,000人分	障害福祉圏域に概ね1ヶ所
ショートステイ施設	100ヶ所 150人分	生活訓練施設の3分の1に併設
福祉ホーム	300ヶ所 3,000人分	障害福祉圏域に概ね1ヶ所
通所授産施設	300ヶ所 6,000人分	障害福祉圏域に概ね1ヶ所
入所授産施設	100ヶ所 3,000人分	通所授産施設の3分の1程度
福祉工場	59ヶ所 1,770人分	都道府県・指定都市に1ヶ所
地域生活支援センター	650ヶ所	障害福祉圏域に概ね2ヶ所
社会復帰促進事業		
グループホーム （地域生活援助事業）	920ヶ所 5,060人分	障害福祉圏域に3ヶ所程度
通院患者リハビリテーション(社会適応訓練事業)	3,300事務所 5,280人分	障害福祉圏域に概ね10ヶ所
医療施設		
精神科デイケア施設	1,000ヵ所	障害福祉圏域に概ね3ヶ所

出所）精神保健福祉研究会監修『我が国の精神保健福祉（平成12年度版）』厚健出版　2000年 p.97より作成

数を精神科デイケアに転化して，退院患者や増加傾向がいちじるしい外来患者に対して医学的リハビリテーションの機能を果たすこと，および精神病床の機能分化を行なうことなどを提言している。

　精神科病床の削減と，社会的入院の解消を進めていく過程で増加する退院者については，地域社会での受け皿として社会復帰施設や住居，生活支援施設などの生活支援の体制と，社会参加の促進，雇用などについて社会資源の整備がきわめて重要となるが，先の障害者プランの数値目標はこれらの精神科医療政策の要請にも対応したものと考えることが可能であろう。

参 考 文 献

精神保健福祉士養成セミナー編集委員会編『精神保健福祉士養成セミナー4　精神保健福祉論』へるす出版　1998年

精神保健福祉士養成セミナー編集委員会編『精神保健福祉士養成セミナー4　改訂精神保健福祉論』へるす出版　2001年

総理府障害者施策推進本部担当室監修『障害者プラン：障害者基本法：新長期計画　21世紀に向けた障害者施策の新たな展開』中央法規出版　1996年

厚生科学研究（精神保健医療研究事業）「今後の精神医療のあり方に関する研究」1991年

精神保健福祉研究会監修『我が国の精神保健福祉（平成12年度版）』厚健出版　2000年

第4章
現代社会と精神障害者

1. 精神障害者の概念

　精神保健福祉士は「人と状況の全体性」の視点に立ち，精神障害をもつ個人だけではなく，精神障害者を取り巻く環境にも働きかけることが必要である。そこには，精神障害者の生活のしづらさは精神障害者個人のみに起因するのではなく，精神障害者を取り巻く社会環境のあり様が影響するという意味が含まれている。このことをふまえここでは，精神障害者の概念について理解を深める。

(1) 精神障害者の概念（図4-1）

1) 医療からみた精神障害者

　「精神保健及び精神障害者に関する法律」では，精神障害者を「精神分裂病，

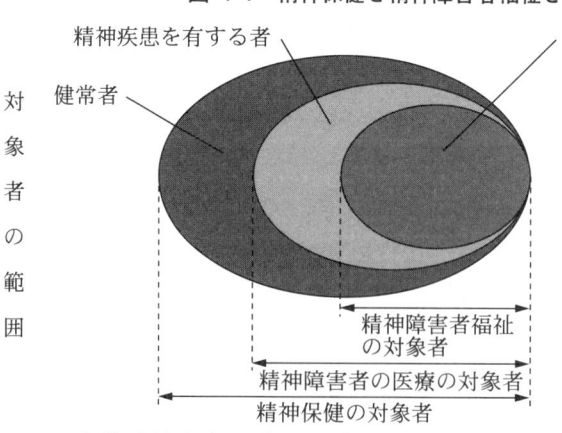

図 4-1　精神保健と精神障害者福祉との関係

対象者の範囲

健常者
精神疾患を有する者
精神障害があるため長期にわたり日常生活又は社会生活に相当な制限を受ける者
精神障害者福祉の対象者
精神障害者の医療の対象者
精神保健の対象者

出所）厚生省（現，厚生労働省）精神保険課　筆者一部改変

精神作用物質による急性中毒またはその依存症，知的障害，精神病質その他の精神疾患を有する者をいう」と規定しており，精神疾患の総称として精神障害者をとらえている。

2） 福祉からみた精神障害者

「障害者基本法」では，障害者を「身体障害，知的障害（精神薄弱）または精神障害があるため，長期にわたり日常生活または社会生活に相当な制限をうけるもの」と規定しており，精神障害者の場合も生活能力に着目した概念としてとらえている。

3） 精神保健と精神障害者福祉との関係

1），2）でみたように，精神障害者には「疾患」に着目した定義と「障害」に着目した定義がある。精神保健と精神障害者福祉にまたがる職種である精神保健福祉士は，精神障害者の範囲を，①精神障害があるため長期にわたり日常生活または社会生活に相当な制限をうける者（精神障害者福祉の対象者），②精神障害者福祉の対象者と精神疾患を有する者（精神障害者の医療の対象者），③精神障害者の医療の対象者と健常者（精神保健の対象者），の3層から理解することが望ましい。

(2) 精神障害者の理解

1） 精神障害者のとらえ方

「精神保健福祉士法」では，精神保健福祉士の業務の対象を「精神病院その他の医療施設において精神障害の医療をうけ，または精神障害者の社会復帰の促進を図ることを目的とする施設を利用している者」と規定している。つまり，この法律では，精神保健福祉士の業務の対象とする精神障害者は，①精神病院，精神科デイケア施設に入・通院中の精神障害者，②精神障害者社会復帰施設に入・通所している精神障害者，③地域において生活する精神障害者のうち，未だ医療施設への適切な受診に至っていない精神障害者，と整理することができる[1]。しかし，精神保健福祉士は，精神障害者を「精神障害者」という属性として理解することや，その「疾病」と「障害」を個々部分にわけて

関わるのではなく,「人と状況の全体性」の視点に立ち,精神障害者を,疾病や障害の他に可能性や長所をもつ生活者としてトータルに関わることが求められる。

2) 精神障害者の理解——精神分裂病の人を中心に——[2)3)]

ここでは,精神分裂病の人を中心に,精神障害者の理解を深めたい。

精神分裂病は,脳内の神経伝達物質の変調により,神経の過敏さから幻覚(幻聴,幻視,幻味など)や妄想(被害妄想,嫉妬妄想,誇大妄想など),昏迷などの症状を呈する疾患である。

機能障害として認知障害があり,情報の文脈を読みとる障害,処理容量の狭さ,状況と照合することの障害などがある。また,能力障害として,対人関係上や社会関係上の対処能力の低下,作業能力の低下などの活動の制限がある。具体的には,①いくつものことが重なると判断することが難しくなる,②ひとつのことが馴染んできたところに新しいことをいわれると困る,③外からの要求に合わせようとすると疲れる,などがみられる。さらに,社会的不利として,狭い人間関係や社会関係における孤立,学業中退,就労中断などの社会参加の制約が生じる。精神障害者自身の主観的な障害として,社会の価値観によって築かれた内なる偏見による自尊心の低下,自己効力感の欠如,疎外感をもつことなどがあげられる。精神分裂病をもつ人を取り巻く環境は,精神病に対する偏見が根強く,その偏見は欠格条項などの差別につながり,そのことがより内なる偏見を強化しているといえる。

その一方で,窪田暁子は,精神分裂病による障害を,「なじみのない人・物・仕事・場所などに合わせていくのに,普通の人よりも時間がかかる[4)]」と示唆している。つまり,精神障害者は特別な人ではなく,あくまでも普通の人であることを強調する。また猪俣好正は,精神障害をもつ個人の長所に着目し,その特徴を①気持ちが優しい,②真面目で嘘をつけない,③素直で従順である,④世話をしてくれる人を募う,⑤礼儀正しく几帳面である,⑥義理がたく律儀である,⑦記憶力は比較的高い,⑧ある程度感情をコントロールでき,

我慢できる，⑨覚えた仕事は十分できる，⑩与えられた範囲の仕事を黙々とこなす，⑪プライドを大事にする，⑫仲間がいると一層安定し，自分の力を発揮することができるとしている。⁵⁾

猪俣も「患者さんとはいっても，一人ひとりが個性豊かで千差万別，その意味では一般健常者と何ら変わらないことはいうまでもない⁶⁾」とし，かかわる側がその一人ひとりの個性の中に，長所を見い出す姿勢と力を身につけることを強調している。

このように，精神分裂病を患った人は，病のために生活のしづらさ（生活上の困難，不自由，不利益）を抱えているが，人間としての個性豊かな健康的な部分（可能性・長所・人なりのもち味）をもつ存在として理解することが必要である。

精神保健福祉士は，精神障害者の生活のしづらさ（生活をするうえでの困難，不自由，不利益）を精神障害者個人とその個人を取り巻く環境の中でとらえること，また，精神障害者の「疾病」や「障害」はその人の一部分であり，その他には，個性豊かな健康的な部分（可能性・長所・本人なりのもち味）をもつという人間の全体性からとらえることが必要である。そして，精神保健福祉士は，精神障害者の主体的側面にたって，精神障害をもつ個人が秘めている可能性を引き出すこと，また，本人なりのもち味が活かせる環境をつくり出すことの双方に働きかけることが求められる。

2. 精神障害者と家族

精神障害者をもつ家族（以下，「精神障害者家族」とする）は，従来，「病気の原因としての家族」と「治療の協力者・社会復帰の受け皿としての家族」としてとらえられてきており，「一人の生活者としての家族」としてとらえられてきた歴史は皆無に近かった。⁷⁾ここでは，家族の置かれてきた歴史と現状を踏まえ，家族支援に対する方策を検討する。

（1） 精神障害者と家族の関係

　日本における相互扶助の理念に基づく家制度のもとでは，障害をもつ家族成員の生活は家長の責任下において営まれていた。精神障害者の場合も，1900（明治33）年に制定された「精神病者監護法」では，親族を「監護義務者」として定め，精神障害者の私宅監置を行なうことを認めていた。1950（昭和25）年の「精神衛生法」の制定により，「監護義務者」にかわって「保護義務者」が創設されたが，この保護義務者も社会防衛的な意味合いが強かった。その義務規定が訓示的な意味あいしかなく，「義務」という表現が家族にとって過重な精神的負担になるとの指摘から，1993（平成5）年の「精神保健法」の改正時に「保護者」と名称が変更されたが，その内容は改正されなかった。ようやく1999（平成11）年の「精神保健及び精神障害者福祉に関する法律」の改正において，保護者制度の義務規定が次のように見直された。[8] ① 自傷他害防止の監督義務の廃止，② 任意入院患者および通院患者の保護義務の対象からの除外，③ 保護者となることができる者の範囲の変更（成年後見人制度の見直し後の保証人を加える），である。

　現在の「精神保健及び精神障害者福祉に関する法律」における保護者は，原則として，その後見人または保佐人，配偶者，親権を行なう者および扶養義務者がなることと規定されている（第20条）。

　その保護者の義務規定として，以下の5点があげられている。

① 精神障害者に治療をうけさせること（第22条）
② 精神障害者の財産上の利益を保護すること（第22条）
③ 精神障害者の診断が正しく行なわれるよう医師に協力すること（第22条）
④ 精神障害者に医療をうけさせるにあたって医師の指示に従うこと（第22条）
⑤ 措置解除または仮退院等により退院する者を引き取り，また，仮退院した者の保護にあたって病院管理者の指示にしたがうこと（第41条）

しかし，近年の核家族化による家族機能の低下が指摘されており，保護者制度の目的である「精神障害者の福祉の増進を図る」ためには，精神障害者家族の実情に応じたものであることが望まれる。

(2) 精神障害者家族の実態

全国精神障害者家族会連合会が1996（平成8）年に全国の家族会会員を対象に行なった調査[9]によると，精神障害者家族の実態は，①年齢は60歳以上が73.6%で，②「将来の見通しがたてられない不安や焦りがある」と答えたものは82.7%と高く，③「あなた（家族）にかわって本人をみてくれる人」がいると回答したものは49.2%にしかすぎず，④世帯の家計支援者は「無職・年金生活」が40.9%を占め，「医療費に対する負担が高い」としたものは87.7%と高い，結果だった。

中井和代は，このような精神障害者家族の特徴として「高齢」「高ストレス」「孤立」「困窮」の4Kという生活上の困難さがあると指摘している[10]。

また，大阪精神障害者家族会連合会が1997（平成9）年に家族会会員を対象に行なった調査[11]では，精神障害者家族の生活の困難さには「精神障害者本人に直接関連する生活上の困難さ」「精神障害者家族の社会関係上の困難さ」「精神障害者家族自身の生活上の困難さ」という3種類の生活の困難さがあることを明らかにしている。

このように，精神障害者家族は，家族自身の高齢化やそれに伴う家族ケアの縮小化がいちじるしく，その上，精神障害者の生活を支援する社会資源が乏しい状況の中で，「援助者としての家族」の役割のみが重視され，「生活者としての家族」の機能がほとんど果せていない現状にある。

(3) 精神障害者家族の支援

精神障害者家族の支援には，個別的な支援だけではなく，複数の家族を対象とした専門職や関係職種による家族教室，家族同士による家族会がある。

1) 家族教室

家族教室は，保健所や病院における専門職などが，複数の家族に対して，計

画的,教育的,支持的なプログラムを用いて行なわれるものである。家族教室のセッションを通して,精神障害者家族が,正しい知識・情報・対処技能を習得し,また,家族同士のサポートをうけることによって,医療や福祉を主体的に利用できるようになることを目指している。[12)13)]

2) 家族会

家族会は家族同士の支援を中心とした自助組織であり,全国レベルの家族会である「全国精神障害者家族会連合会」は1965 (昭和40) 年に組織化されている。現在,全国に1,529の家族会があり,その内訳は病院家族会が296団体,地域家族会が1,233団体ある。家族会の決定権は会の構成員にある。活動の柱は,①相互交流,②学習活動,③社会啓発運動の3つで構成されている。つまり,家族会は,精神障害者家族の同じ悩みを共通基盤とし,互いに話し合うことで不安感や孤独感を癒し,自らが置かれている状況や精神障害者が利用できる社会資源を学習し,家族としての対応の仕方を習得し,精神障害者が置かれている社会や社会状況に向かって働きかけることを活動の中心にそえているのである。[14)15)] 先にみたように,精神障害者家族において母親・父親の占める割合が高く,その高齢化が指摘されている。近年の動向としては,「保護者」の関係が,親からきょうだいに世代交代が行なわれてきており,「きょうだいの会」「配偶者の会」が組織されはじめている。[16)17)]

以上のように,精神保健福祉士は,精神障害者家族を,①「援助者としての家族」と「生活者としての家族」の双方から支援すること,②親,きょうだい,配偶者など,それぞれの精神障害者家族の立場やニーズに応じて支援すること,③家族自身が精神障害者本人の生活をすべて負うのではなくて,最終的には,精神障害者の生活を支えるもっとも身近な一人の市民として支援できるように家族自身を支援することが望まれる。

3. 精神障害者と地域社会

1979 (昭和54) 年の「国際障害者年行動計画」において「ある社会が,その

第 4 章　現代社会と精神障害者　59

構成員のいくらかの人びとを閉め出すような場合，その社会は，弱く脆い社会なのである」と謳われている。精神障害者が住みよい地域社会とは，単に物理的な資源があるだけでは不十分であり，一般市民が精神障害者を同じ地域を構成する一員として認めることが必要といえる。ここでは，精神障害者を取り巻く地域社会を，物理的な側面と意識的な側面から検討する。

（1）　物理的な側面からの地域社会

　1981（昭和56）年の国際障害者年を機に，「国連・障害者の10年」へ向けて「障害者対策に関する長期計画」が策定された。そして，「国連・障害者の10年」が終わった1993（平成5）年に「心身障害者対策基本法」が改正され「障害者基本法」が成立した。これにより，精神障害者が「障害者」として法文に明記され，初めて福祉の対象として認められることになった。この関連で1995（平成7）年12月に「障害者プラン～ノーマライゼーション7ヵ年戦略～」が策定されることになり，精神障害者領域においても，具体的な社会復帰施設などの数値目標が打ち出された。このような流れに符号して，1995（平成7）年7月に「精神保健法」が「精神保健及び精神障害者福祉に関する法律」に改正され，はじめて「精神障害者福祉」が法律の名称に明記された。その後，1999（平成11）年の改正において，精神障害者地域生活援助事業（グループホーム）に精神障害者居宅介護等事業（ホームヘルプサービス）と精神障害者短期入所事業（ショートステイ）が追加され精神障害者居宅支援事業と称されるようになり，もっとも身近な市町村において2002（平成14）年から実施されることになっている。

　以上のように，精神障害者の制度・施策の動向は，病院から社会復帰施設，社会復帰施設から地域社会へと移行し，精神障害者が地域で生活するために必要とされている医（医療）・職（職業）・住（住居）・仲間に関する社会資源のメニューは整備されつつある。特に，2002（平成14）年以降，精神障害者の在宅福祉サービスの実施主体が市町村単位になり，精神障害をもつ一市民として利用できるサービスの展開が望まれる。

しかし，近年においても，未だ精神障害者の社会復帰施設などの新設に対する地元住民による反対が絶えず，精神障害者の施設整備が中々進まない「施設コンフリクト」[18]が課題として残っている。

（2） 意識的な側面からの地域社会

1) 障害者観の変遷

「バリアフリー社会をめざして」をサブタイトルとする『障害者白書（平成7年度版)[19]』の中には，個々人の障害者観，その総体としての社会の障害者観における変遷の過程が示されている。障害者観の変遷とは，まず，無知と無関心による差別・偏見の障害者観があり，障害者を社会にとって役に立たない，迷惑な存在とし，好奇や嫌悪の眼でみるような見方である。次に，憐れみ，同情の障害者観があり，障害者よりも優越的な立場から障害者を庇護的な存在とみるというものである。今日の障害者観は，「共生」といわれる障害者観であり，障害者も障害のない人と同じ欲求・権利をもつ人間であるという立場に立つ考え方である。「共生」の考え方を一歩すすめたものが「障害は個性」という言葉で示される考え方であり，共に助け合い，支え合う普通の人間関係を築ける社会になるというものである。意識上の障壁である障害者を特別視する障害者観を払拭するためには，障害に対する正しい知識を普及することはいうまでもなく，社会そのものがさまざまな個性をもつ人びとで構成されており，障害者がいることを当然とする考え方が浸透することが望まれる。

2) 意識的障壁を打開する市民活動＝精神保健福祉ボランティア活動の展開

近年，精神保健福祉領域において，地域住民の主体的な活動（ボランティア活動）が活発になっている。このボランティアは「精神保健福祉ボランティア」と呼称され，ここでは，「精神障害者が抱える生活上の問題を自分と関わりのある課題として捉え，その解決や支援という諸活動を通じて，精神障害者と共に生活できるコミュニティづくりに参画できる人」[20]と定義する。精神保健福祉ボランティアには，同じ生活環境を基盤とし，精神障害者を同じ地域を構成する一市民として受け入れようとする意識があり，精神障害者を排除や保護

の対象としてとらえていないという特徴がある。

精神保健福祉ボランティアは,一般市民よりも精神障害者の受け入れ意識が高いことが実証されており[21)22)],このことから,精神障害者への主体的な接触体験が偏見を軽減させる要因の一つと考えることができる。

また,精神保健福祉ボランティアの役割として,第1に,精神障害者とともに楽しみ,彼らの社会生活を広げる役割,第2に,ボランティアの活動先の理解とその現状を社会に啓蒙する役割,第3に,同じ市民として,正しい理解を地域住民に伝えたり,精神障害者が抱える問題を共に解決する役割,第4に,ボランティア自身が成長する役割があげられる[23)]。

このように,精神保健福祉ボランティア活動は,精神障害者もボランティアも共に地域を構成する一市民として生活の質を向上させていく活動であり,結果的には,地域の福祉力を高めることになることが推察できる。

以上のように,精神障害者と地域社会を考えるにあたり,精神保健福祉士は精神障害者が地域で生活するために必要な施設や制度・施策を開発するとともに,一般市民の中に,精神障害者を同じ地域を構成する一員であるという意識を醸成できるような機会をつくることが必要といえる。

4. 精神障害者とノーマライゼーション

精神障害者が地域を構成する一員としてあたりまえに暮らせる社会を実現することが求められて久しい。ここでは,精神障害者のノーマライゼーションが実現する社会に向けて,精神保健福祉士が何をなすべきなのかを検討したい。

(1) 精神障害者とノーマライゼーション

精神保健福祉領域においてノーマライゼーションという言葉がはじめて使われたのは,1991(平成3)年の公衆衛生審議会精神保健部会における中間意見[24)]である。そこでは,「地域における精神障害者のケアと住民の心の健康づくりは,住民と精神障害者が地域において共に生活を送るという考え(ノーマライゼーション)に立って相互に関連を保ちつつ実施される必要がある」と記載さ

れている。その後，1995（平成7）年には，総務庁が『ノーマライゼーションの実現に向けて～精神障害者が地域で普通に生活していくために～』を刊行した[25]。これは，精神障害者の社会復帰の促進を中心とした精神保健対策の的確な推進を図る観点から，精神保健関係法の施行状況を調査し，関係行政の改善に資するため実施した結果をまとめたものである。そこには，精神障害者が社会の構成員として障害をもちながらも普通に生活を送れるというノーマライゼーションの理念の下における精神障害者の自立への支援のあり方として，次の精神保健対策をあげている。①ニーズの的確な把握と施策の計画的推進，②医療・保護対策，③社会復帰対策の推進，④地域中心のサービス体制確立である。さらに，1995（平成7）年には，「障害者プラン～ノーマライゼーション7ヵ年戦略～」が策定された[26]。これにより，高齢者・児童・障害者の3つのプランが出揃い，市町村を主体にして，福祉施策を総合的に推進することが可能になった。また，障害者プランでは具体的な数値目標が示されるとともに，行政の障害者に対する姿勢が明示されるようになり，全省庁をあげて取り組むことになった。このように，精神障害者における制度・施策は，少しずつではあるがノーマライゼーションを具体化する方向で進んでいる。

（2） 精神障害者のノーマライゼーションの実現に向けて

1979（昭和54）年の国連の「国際障害者年行動計画」では，「障害者は，その社会の他の異なったニーズをもつ特別の集団と考えるべきではなく，その通常のニーズを満たすのに特別の困難をもつ普通の市民と考えるべきなのである」と明記している。今後は，精神障害者を精神障害というひとつの個性をもったかけがえのない社会の構成員であり，普通の市民として，あたりまえの生活が送れるノーマライゼーションの社会を実現することが求められる。そこで，現代社会において，精神保健福祉士は，次のような方策を構築していくことが望まれる。

1） 精神障害者が安心して生活するための社会資源の開発

精神障害者が必要とする「医・職・住・仲間」に関する質の高い社会資源を

拡充・開発するとともに，疾患と障害を併せもつ精神障害者が安心して医療をうけることができるように，精神病院における精神科特例の廃止，救急医療体制の整備等を早急に着手することが望まれる。また，2002（平成14）年から，精神障害者の在宅福祉サービスが市町村で展開されることなり，精神障害者が市民の権利として安心して生活することができる地域ケア体制を推進することが求められる。また，精神保健福祉ボランティアを中核として，精神障害者を同じ地域を構成する一員として認識し，ともに住みやすい地域をつくる意識を高める機会をつくることが望ましい。

2） 精神障害者家族が一市民として生活するための施策の整備

精神障害者家族自身が「援助者としての家族」「生活者としての家族」としてうまく機能するために，心理教育的な家族教室や精神障害者家族同士の情緒的サポートを主とした家族会などに主体的に参加することが望まれる。また，精神障害者家族が担ってきた精神障害者本人の日常生活の支援を公的なサービスとして整備していくことが求められる。さらに，精神障害者家族の実態を踏まえ，保護者制度の廃止，成年後見人制度の推進，公的保護者制度の導入を含めて検討することが必要といえる。

3） 精神障害者の自立と社会参加を阻む制度の除去

精神障害者の社会参加の機会を阻害する「精神障害」という障害種別による制度上の差別をなくすことがあげられる。たとえば，就労の機会を阻む精神障害を理由とした欠格条項（資格や免許の取得や業務の許可を制限している法律や政令である）の改廃・法定雇用率へのカウント，生活保障として福祉サービスが利用できる精神保健福祉手帳と他障害の手帳との格差の解消などがあげられる。

4） 精神障害に関連する情報を得る機会の獲得

精神障害者や家族が生活の主体者となるには，自分らしく生活するための情報が必要である。精神障害者の場合，内なる偏見により自らが情報を得るまで時間を要するといわれているが，必要な時に必要な情報が得られるオープンな

システムづくりが必要といえる。誰もが精神障害者になる可能性があり，精神障害に関する情報にアクセスしやすいことが，結果的には，精神障害者に対する偏見が軽減されることになる。そのためにも，今後は，義務教育においても精神障害者福祉に関する教育を推進することが望まれる。

5) 精神障害をもつ人の能力や長所を活かせる機会づくり

精神障害者へのかかわりは，従来，精神障害者の病理や障害に焦点をあてたアプローチが主流であり，精神障害者自身は治療・訓練の対象とみなされてきた。しかし，精神保健福祉士は，精神障害をもつ人の能力や長所に焦点をあて，社会的に生かされる環境や機会を整備していくことが望まれる。精神障害者が市民として主体的に参加できる活動があり，本人自身が自分らしい生活を実現していくことや他者から同じ市民として認められること，本人のもっている能力や長所が認められる経験を通して，人としての自尊心や自己効力感が高まり，結果的に，精神障害者の生活の質が向上するといえる。

「街に慣れる，街が慣れる」という言葉がある。精神障害者が市民として街に出ていく機会が増えることで，精神障害者が街に慣れる。そして市民が精神障害者とふれあう中で，精神障害者に対する偏見がなくなり，街自身が精神障害をもつ人がいることがあたりまえな街になる。精神障害者が社会を構成するかけがえのない一員として主体的に自分らしい生活を送り，その生活の質が向上する社会こそ，ノーマライゼーションの社会といえる。

注)
1) 厚生省官房障害保健福祉部精神保健福祉課『精神保健福祉士法詳解』ぎょうせい　1998年
2) 遠山照彦『分裂病はどんな病気かわかりやすい分裂病の話第1部』萌文社　1997年
3) 蜂矢英彦・岡上和雄監修『精神障害リハビリテーション学』金剛出版　2000年
4) 窪田暁子「『精神疾患による障害』とのかかわり」全国精神障害者家族会連合会編『新たな生活を見つめて』原孔版　1995年　pp.180〜192

5) 猪俣好正「精神障害者の職業レディネスを考える」『第2回精神障害者リハビリテーション研究会報告書』 1995年 pp.59～63
6) 猪俣好正「スタッフは患者さんの長所にも目を向けよう」『名取病院研究紀要』第5集 1994年
7) 大島巌「精神障害者の家族」加藤正明監修『精神保健と家族問題』中央法規出版 1988年 pp.163～188
8) 精神保健福祉研究会『改正精神保健福祉法の概要改正事項の説明と検討の経緯』中央法規出版 1999年 pp.155～176
9) (財)全家連精神障害者社会復帰促進センター『精神障害者家族の健康状況と福祉ニーズ '97～第3回全国家族調査（I）　地域家族会編～』 1997年
10) 栄セツコ他「精神障害者家族の生活上の困難さに関する研究」大阪市立大学生活科学部紀要第46巻 1998年 pp.157～167
11) 中井和代「家族の悩みと営み」宮本忠雄他監修『こころの科学』第67号 1996年, pp.74-77
12) 牧野田恵美子「精神保健福祉実践現場の家族支援」『ソーシャルワーク研究』Vol.26, No.3 2000年 pp.25～31
13) 後藤雅博編『家族教室のすすめ方』金剛出版 1998年
14) 大島巌他編『海外の精神障害者家族会の動向と相互支援の取り組み』(財)全国精神障害者家族会連合会 1992年
15) 池末美穂子「家族会の果たした役割と今後」伊藤克彦他編『心の障害と精神保健福祉』 2000年 pp.112～126
16) 全国精神障害者家族会連合会『ぜんかれん』No.379 1998年 pp.9～27
17) 東京・川崎・横浜兄弟姉妹の会編『やさしさの距離精神障害者とつきあうきょうだいと私たち』 萌文社 1998年
18) 大阪府施設コンフリクト解消推進会議編『障害者のこと，他人ごとですか？』大阪府施設コンフリクト解消推進会議 2001年
19) 総理府編『障害者白書（平成7年版）』大蔵省印刷局 1995年 pp.11～12
20) 栄セツコ「精神保健ボランティア活動に関する研究」『社会福祉学』第39-1号 1998年 pp.177～192
21) 栄セツコ『精神保健ボランティアとコミュニティづくり　精神保健ボランティアに関する報告書』精神保健ボランティアのあり方とまちづくり研究会 1997年
22) 大島巌「精神障害者に対する一般住民の態度と社会的距離尺度」『精神保健研究』第38号 1992年 pp.35～37
23) 栄セツコ『精神保健ボランティアとコミュニティづくり精神保健ボランティアに関する報告書』精神保健ボランティアのあり方とまちづくり研究会　1997年

24) 厚生省保健医療局精神保健課監修『我が国の精神保健福祉（平成4年度版）』厚健出版　1993年　pp.56～59
25) 総務庁行政監察局編『ノーマライゼーションの実現に向けて』大蔵省印刷局　1996年
26) 厚生省監修『厚生白書（平成12年版）』ぎょうせい　2000年

第5章
精神障害者の人権

　基本的人権に関する日本国憲法の条項，第11条と12条は，国民は侵すことのできない永久の権利として与えられる基本的人権を妨げられないと規定している。また，第13条は，すべての国民は，個人として尊重され，生命・自由および幸福追求に対する国民の権利については，公共の福祉に反しない限り，立法その他の国政の上で，最大の尊重を必要とすることを保障している。また，第25条では健康で文化的な生活を送る権利，第27条では勤労の権利，義務がそれぞれ規定されている。しかし，はたしてこの憲法において，精神障害者の人権が保障されてきたのかと問われれば，胸を張って「イエス」とはいえないであろう。ハンセン病の患者が癩予防法において人権侵害されてきた歴史と同じ意味で，精神障害者も国家や社会からその人権を侵害されてきた歴史があるといわざるをえない。それは，精神障害者の医療・福祉制度の歴史が精神障害者から社会を守るというような社会防衛的な要素が強く，特に非自発的入院（強制的入院）の考え方は，社会防衛的な意図（ポリス・パワー）が中心で，精神障害者の治療を主体とした人権主義的（パレンス・パトリエ）な考え方は後方に押しやられていた状況は，人権侵害を容認するような危険な側面があるからである。精神保健福祉従事者は，法制度の整備と社会の精神障害者に対するスティグマの除去について強く意識し，どのような形で精神障害者の人権擁護を実現できるのか，過去を謙虚にうけ止め，目的達成のため努力しなければならない。

　ポリス・パワーとパレンス・パトリエについては，大谷實がその著書の中でこうのべている。「ポリス・パワーの思想とは強制権限の根拠をもって，精神障害者の社会に与える影響ないし危険性を除去することに求めるのである。精神障害者は自らの行動を制御する能力を欠くから，社会の保安のために，その

将来の危険な行動を予測して強制措置を講ずることが許されると主張する。一方，パレンス・パトリエ思想は，精神障害者は自己の医療保護的な利益を選択し，それを受けることを自ら決定する能力を欠くから，本人に代わって社会が選択・決定して医療保護を加える必要がある」とする[1]。

この章では精神障害者の人権について，歴史的な背景や国連が採択した人権に関する宣言を紹介し，ついで，わが国の現在の法制度等に言及し，精神障害者の権利擁護をどのように実現できるか考察したい。

1. 精神障害者の権利擁護

(1) 障害者の人権について

障害者の基本的人権についての保障がその本質において国際社会で叫ばれ，取り上げられて問題とされるようになったのは，第2次世界大戦以後のことである。国連では，1948（昭和23）年に「すべての人は生まれながらにして自由であり，尊厳と権利において平等である」とした世界人権宣言を採択し，次いで，1966（昭和41）年にはその前文に「人類社会すべての構成員の尊厳と平等で譲ることができない権利と承認が，世界の自由，正義，平和の基礎であり，これらの権利が人間固有の尊厳に由来すること」とし，基本的人権を尊重することが，世界の平和につながっているとする国際人権規約（A規約：社会権的人権，B規約：自由権的人権），1971（昭和46）年には知的障害者の権利宣言を採択した。その第1条には「知的障害者は実際上可能なかぎりにおいて，他の人間と同等の権利を有する」とされ，また第7条では，知的障害者の権利の制限等については専門家による評価が重要視され，権利の制限や排除に対しての乱用防止のための法的手続きをさだめた。次いで，1975（昭和50）年の障害者の権利宣言では，その第1条に障害者の定義が示された。また第3条では障害者は，障害の状況，特質，程度にかかわらず，同年代の市民と同等の基本的権利を有するとし，第4条では，障害者は，他の人びとと同等の市民的および政治的権利を有するとされ，さらに精神障害者への適用についても言及してい

る。1981（昭和56）年を国際障害者年とし，1983（昭和58）年から10年間を「国連・障害者の10年」とした。これら国際障害者年と国連・障害者の10年が果たした役割は大きく，ことにわが国では障害者に対する人権擁護の意識が国民に生まれ，ノーマライゼーションの思想が少しずつ国民に理解されるようになった。そして，精神障害者を対象にした国際基準として「精神障害者の保護及び精神保健ケア改善のための諸原則」が1991年に国連総会で決議された。以上，障害者に関する国際的な人権擁護の意識が高揚してきた趨勢をたどってきたが，国際基準として大きな役割と影響力をもっているこの「精神障害者の保護および精神保健ケア改善のための諸原則」（以下，国連原則）について，少し詳しく言及したい。

（2）「精神病者の保護及び精神保健ケア改善のための諸原則」（国連原則）

「精神病者の保護及び精神保健ケア改善のための諸原則」は精神障害者の医療と福祉に関する国際基準であるといえる。国連原則が決議された背景には，旧ソ連の政治犯への精神医療の不適切な適用に対し，それを防ぐ意味もあったが，精神病者の人権が阻害されている状況は，他の国にも多く存在することがわかり，国連原則は精神障害者の医療・福祉の国際基準としての大きな役割を担うものとなった。残念ながらわが国ではまだ，この原則通りの状況になっていないものもあるが，できる限り早い時期に国連原則の基準を満たす状況を実現させたいものである。その内容を要約してみると，

原則1　基本的自由と権利。「精神病，または精神病者として治療をうけているすべての者は，人道的，かつ人間固有の尊厳を尊重して処遇される」「精神病を理由とする差別があってはならない。差別とは権利の平等な享受を無効にし，または損なう影響をもつ区別・排除・選別を意味する。」

原則2　未成年者の保護。「未成年者の権利を守るために，本原則の目的および未成年者を保護する国内法の趣旨の範囲で，必要とする場合には，家族員以外から法定代理人の指名を含む特別な配慮がなされなければならない。」

原則3　地域での生活。「すべての精神病者は，可能なかぎり地域において

生活し，働く権利をもつ。」

　原則4　精神病の判定。「精神病であるとの判定は，国際的に認められた医学的基準に即して行なわれるものとする。」現在ではDSM-IVないしはICD-10の診断基準が用いられている。

　原則5　医学的検査。「いかなる人も，国内法で認められた手続きにしたがう場合を除き，精神病であるか否かを判定するための医学的検査をうけることを強制されない。」わが国の精神保健福祉法第34条は医療保護入院等のための移送いわゆる移送制度は非自発的，強制的に身体を拘束する可能性が高いもので，人権侵害を招くと反対も強くあったが，家族等が民間の人権に関しての基準が定まらない警備会社に病院まで移送を依頼するというケースが存在し，国内法で定められた手続きの整備が急がれ公的な責任と介入によって医療への導入のシステムとしてこの制度が新設された（平成12年4月）。しかし，この制度利用がなされる前に対応できるシステムづくりと，これを支える優秀な専門職の養成（存在）が大切であろう。

　原則6　機密。「本原則が適用されるすべての者について，機密保護の権利は尊重される。」

　原則7　地域と文化の役割。「すべての患者はできるかぎり自らが居住する地域で治療をうけ，ケアされる権利をもつ。また，治療が精神保健施設で行なわれる場合，自らの親族，もしくは友人の家庭から近くの施設で治療される権利，できるだけ早期に地域に戻る権利をもつ。」

　原則8　ケアの基準。「自分のニーズにあった医療的・社会的ケアをうける権利。他の疾病をもつ者と同一基準の治療をうける権利を有している。」わが国の医療事業法における精神科特例等，精神病であるために低い水準の医療しかうけることができない現状は，この原則についてもユーザーとともに解決しなければならない課題であると考えられる。

　原則9　治療。「精神保健従事者の倫理規範の遵守とすべての患者の治療は個人の自律性を維持し増進することに向けられ，もっとも制限の少ない環境

で，必要性にふさわしい治療をうける権利をもつ。また治療およびケアは患者と検討された個別的治療計画に基づきおこなわれ，その治療計画は定期的に見直され，そして必要な変更がなされ，かつ資格をもつ専門職員によって計画が作成されるものとする。」最少規制の原則といわれるものであり，身体抑制・薬物抑制を含む治療については自傷他害の緊急回避の必要性があるときに限り，患者自身と話し合いながら実施すること（身体抑制は30分ごとの再評価を行ない，4時間を限度とする）となっている。

原則10　投薬。「投薬は患者の最良の健康ニーズを満たすものであり，治療的または診断的目的のためにのみ患者に与えられ，罰として，または他者の便宜のためにけっして用いてはならない。」わが国の向精神薬を使用して行なう化学的抑制の治療に関して，患者の治療上の必要性より病院側の都合を優先させた抑制になっていないか，精神保健医療従事者は謙虚に原則10について考えて欲しい。

原則11　治療の同意。「定められた例外を除きインフォームド・コンセントのない治療は行なわないこと。インフォームド・コンセントの定義および例外。非自発的隔離，身体拘束の原則。不妊手術，精神外科手術，臨床治療・実験的治療はインフォームド・コンセントが可能な患者に対してはそれなしには治療を行なわないこと。」

原則12　権利の告知。「入院後速やかに，患者に理解しうる書式と言葉で，この原則にしたがった権利と国内法に定められた権利をすべて告知され，その行使のしかたも説明される。また代理人を指名できる権利についても同様に説明される。」

原則13　精神保健施設における権利と条件。「精神保健施設内のすべての患者は，人格の尊重とプライバシーを守られ，検閲をうけずに他者と面会または通信する自由，信教の自由が保障されなければならない。同年代の人の通常に近い生活の環境の提供と強制労働の禁止と入院中の労働に対する正当な報酬を保障しなければならない。」

原則14　精神保健施設のための資源。「他の疾患と同一水準の資源を備えなければならない。とくに医学的，その他適切な専門職の十分な員数とプライバシー，適切な空間を保障すること。また，公的機関による定期監査。」これは，世界規模で一般科医療環境に比較し，精神科医療環境が劣っていることを示し，わが国でも精神科特例の存在があり，2000（平成12）年現在，精神病院の医師は他科の3分の1で（患者48人に医師1人），また，看護者は若干改善されたものの患者4人に1人という基準である。また，病棟の環境も療養生活に十分な治療環境とはいえない病院も多く存在したが，1950年から60年代に低利の金融公庫の貸付によって多くの精神病院が設立されたが，それらの病院の建てかえ時期にあたり，新築の病棟は一般科に遜色ない治療環境をもつ病院が増えてきている。

原則15　入院の原則。「自発的入院を優先する原則」

原則16　非自発的入院。「原則4にしたがって法的権限を付与された有資格者が，緊急に自傷他害のおそれが強いこと，または，精神疾患が重篤で精神保健施設への入院によってのみ，適切な治療が行なえると判断した場合に非自発的入院が認められる。また，非自発的入院の退院制限は審査機関による入院または退院制限の審査結果が出るまでの短期間のみの観察および初期治療に限られる。非自発的入院のうけ入れは監督官庁の指定病院にのみうけ入れることができる」

原則17　審査機関。「審査機関は国内法によって設置された司法的，または独立，公正な機関であり，非自発的入院の入院決定，退院制限などの審査，定期的審査を行なう。また，非自発的入院患者は退院または自発的入院患者となるための申請を行なうことができ，審査機関はこれを受理する。」

原則18　手続き保障。「患者はいかなる不服申し立て手続きや，異議申し立て手続きにおける代理人を含めて，患者自身を代理する弁護人を選び，指名する権利を有する。」

原則19　情報へのアクセス。「患者は精神保健施設に保存されている患者本

人の個人記録を入手する権利をもつ。」

　原則20　刑事犯罪者。「この原則は刑事犯罪のため拘禁の刑をうけた者，または手続き中の精神病であると判定され，もしくは精神病であると信じられている者にも適用される。」

　原則21　不服。「患者，または患者であったすべての者は，不服申し立てをする権利を有する」

　原則22　監督と補償。

　原則23　実施。

　原則24　精神保健施設に関する諸原則の範囲。

　原則25　既得権の救済。

　以上の通り「国連原則」を精神障害者の医療および保健福祉制度に関する国際的な標準として，わが国の法制度の整備を急ぐことは当然であるが，あわせて，国連原則が掲げる人権擁護の精神が宿った法整備にしなくてはならないのは，いうまでもない。

(3)　アドボカシー

1)　ソーシャルワークにおけるアドボカシーについて

　アドボカシーの定義は，自分の権利やニーズを自ら主張するのが困難な人にかわってその権利やニーズを主張し，また自分で権利を行使できるように支援すること。地域福祉権利擁護事業にもみられるが，ソーシャルワークの場面では，その援助・介入を通して，個人やコミュニティの権利を擁護すること。アドボカシー機関の役割については，医療施設等で起こる精神障害者に対する人権侵害に対し，調査を行った上で，必要に応じ法や行政に働きかけて，その解決を図ることである。精神障害者におけるソーシャルワークでは，精神障害者が置かれていた社会的立場は，どの国においても人権が十分擁護されていたとはいえない歴史がある。したがって，精神障害者に関するソーシャルワークは，権利擁護の意識をもつ，アドボカシーの概念を土台とするソーシャルワークが求められるはずである。

2) ペイシェント・アドボカシー（患者権利擁護制度）について

　福祉施設サービスにおける第三者委員を置くシステムが取り入れられた。第三者委員システムの役割は，施設で行われる利用者に対するサービスの質・内容を施設外の者に知らしめ，少なからずその評価をうけることになる。特に利用者からの苦情については，施設と利用者の間に入り円滑な解決を図るという役割がある。厚生労働省の通達にある第三者委員の基本姿勢についてはその公正・中立性を求めているが，ここにもうひとつ，施設（事業所）からの独立性も含めると，より施設利用者の権利擁護が確立するのではないかと思われる。精神障害者に関する医療・福祉の施設にもこのシステムの導入と，第三者委員の役割の確立が図られるべきではないか。とりわけ精神病院においては必要なシステムであろうと考えるのは，筆者だけではないはずである。ただ，第三者委員のシステムはこれからの整備しなければならないものが数多く残されており，第1に第三者委員の公正・中立性・独立性に関して，適切なアドボカシー団体（ペイシェント・アドボカシーの機能を有する団体）等の育成が待たれ，そのような団体がこのシステムに加わることにより，このシステムの質を高めるのではないかと考える。アメリカでは1986年に「精神病者のための権利の保護と擁護に関する法律」が成立した。精神障害者に関する権利侵害や訴えを調査する，精神病院や社会復帰施設などから独立したアドボカシー機関の設立を義務付け，施設の立ち入りや，訴えた者との面会，カルテ等の記録をみるといった権限を付与され活動している。オランダでもこのような機能をもつ民間団体が国から補助金をうけ，活動している。わが国でも第三者委員のシステムを精神病院にも拡大できるよう，アクションを起こす必要があるのではないか。

　現実の場面で，精神保健福祉士が行なうソーシャルワークの過程で所属する機関とクライエントの板ばさみになることが少なくない。クライエントの権利を擁護するために窮地に立たされることもしばしば経験するであろう。このような場面では日ごろから，パルチザンシップを共有できる同僚等の存在や，彼

第5章 精神障害者の人権

らと組織の改革の努力を怠らずに実行しておくことが大切であると思われる。また，他の機関の援助者との連携から力を借りることも大切で，孤立せず，粘り強く，冷静に問題の解決に努力して欲しい。精神保健福祉士にとってのソーシャルワークはあくまでもクライエントの権利をいかに行使するかにあり，機関とクライエントの中間に立ち調整することではないという基本姿勢は忘れてはならない。

2. 精神医療における権利擁護

(1) 精神障害者に関する法の歴史

　現在日本の精神障害者の治療（入院・通院），福祉等は「精神保健及び精神障害者福祉に関する法律」（以下，精神保健福祉法）を拠り所としている。日本の精神障害者に関する最初の法律は精神衛生法前史の1900年の「精神病者監護法」である。内容は，治安第一の観点から，精神病者を社会より隔離することを法的に認めたものであり，精神病者の監督義務者を定め，私宅監置時の警察への届出，行政の許可，監護費用負担等の義務を定めた。私宅監置の状況は医療面がきわめて不十分で，呉秀三，樫田三郎はその実態を「精神病者私宅監置の実況およびその統計的観察」によって精神病者の救済と保護は人道問題であり，わが国目下の急務であると主張した。呉秀三の「この国の十何万人の精神病者は，実にこの病にかかった不幸のほかに，この国に生まれた不幸を重ねるものというべきである」という言葉はあまりにも有名で，彼らの調査がきっかけとなり，次の精神病院法の制定を急がせた。1916年に保健衛生調査会が設置され，全国一斉に精神病者の調査が行なわれ，精神病者総数は6万5,000人で，そのうち6万人が治療をうけていないことが判明した。この結果をもとに，治療上および公安上の理由から精神病者監護法の改正を決め，1919年に精神病院法が施行された。その主な内容は，①都道府県に精神病院の設置を命じたこと，②入院させることができる精神病者を規定したこと，③扶養義務者から入院費の全部または一部を徴収できることである。

次に，1950（昭和25）年に成立し，1987（昭和62）年まで続いた精神衛生法の入院制度等の不備について言及したい。精神衛生法は精神障害者から社会を防衛するという，社会防衛的な性格をもっており，この延長線上に入院（収容）中心の医療があり，精神障害者のトータルなリハビリテーションのシステムが成立することを阻害した。また，入院制度については同意入院，措置入院，自由入院が規定されているが，同意入院については文字の意味だけをとらえると本人の意志による入院と誤解されるが，実質は患者もしくはクライエントの保護者の同意による強制入院の性格をもち，精神保健法に改正されるまでは，この入院形態が一番多いものであった。この入院形態で入院していた患者もしくはクライエントは全入院者の約7割にもおよんでおり，強制的に入院させられていた患者もしくはクライエントがいかに多かったかがわかる。この強制入院に関し，不服を申し立てる制度が不十分であり，また，病棟から外部への患者もしくはクライエントの通信の自由もほとんどの病院において認められておらず，社会から隔離された精神病院で患者もしくはクライエントへの人権侵害が起こる可能性を十分に含んでいた。これは，精神衛生法成立時から懸念されていたことでもあり，その懸念は宇都宮病院事件等の社会の知るところの大きな事件となり，国際的な批判をうけることとなったのである。

（2） 精神衛生法改正へ

宇都宮病院事件などの精神病院の不祥事を契機に精神衛生法改正を求める声が国内外から強く示され，精神障害者の人権に配慮した適正な医療および保護の確保と精神障害者の社会復帰の促進を図る観点から精神衛生法が改正され，1987年精神保健法の成立となった（5ヵ年の暫定法）。主な改正点は，①精神障害者の同意に基づく任意入院が認められた，②入院時に書面による入院の形態と権利に関する告知を義務付けた，③精神保健指定医制度を設けた，④入院や処遇改善の申し出を受理する精神医療審査会を設け，併せて外部への通信も確保された，⑤応急入院制度を設けた，⑥社会復帰施設の規定を設けた，などである。

（3） 精神保健法から「精神保健及び精神障害者福祉に関する法律」（精神保健福祉法）へ

1995（平成7）年，精神保健法は精神保健福祉法と改正された。精神保健福祉法の第1条を要約すると，①精神障害者の医療および保護を行なうこと，②精神障害者の社会復帰の促進およびその自立と社会経済活動への参加の促進のために必要な援助を行なうこと，③精神障害者の発生の予防その他国民の精神的健康の保持および増進に努めること，の3つの施策の内容について定めている。また，精神障害者への福祉施策の充実を目的に「自立と社会経済活動への参加の促進のための援助」というような福祉的要素を位置付け，精神保健福祉手帳制度の創設，社会復帰施設に福祉工場が追加されるなど大規模な改正が行なわれた。

（4） 精神医療審査会について

精神医療審査会は，精神病院へ非自発的に入院させられた者も含む入院に対する不服申し立てや，入院中の身体抑制や化学的抑制等の処遇に関する不服申し立てを受理し，審査する機関である。審査会の業務としては，①医療保護入院の届出に関する審査，②措置入院者および医療保護入院者に関する精神病院の管理者からの定期病状報告があったときに，当該入院中の者についてその入院の必要があるかどうかに関し審査を行なう，③精神病院に入院中の者またはその保護者等から，退院請求があったときに，その入院が必要かどうか，またはその処遇が適当であるかについて審査を行なうこと，があげられる。精神医療審査会は1988（昭和63）年，精神保健法施行時に患者の権利擁護および保障の視点に立って設立された機関であるが，精神衛生法の時代より，非自発的入院患者や入院中の人権侵害に関する不服申し立てや審査機関が機能しておらず，国際法律家委員会（ICJ）からわが国も批准している国際人権規約のB規約第9条第4項（「市民的および政治的権利に関する国際規約」）に反していると指摘があった。

つまり，「逮捕または拘留によって自由を奪われた者は，裁判所（Court）が

その抑留が合法的であるか決定する」権利を有しているという点に関し，問題点としている。

2000（平成12）年の精神保健福祉法の改正時には，国際人権規約の人権保護の精神がより徹底されるよう，以下の改正が行なわれた。

① 精神医療審査会の事務局の独立性について

国連原則17「国内法によって設置された司法的または独立，公正な機関であり……」の主旨において，1992年ICJより，「公正に，かつ，効率的に機能するために，精神医療審査会は，都道府県から独立し，独自の事務局を有するべきである」という勧告をつけた。この勧告の意味は，都道府県知事の命令で行なう措置入院の審査について，都道府県知事の担当部局が事務をとっていたのでは，利益相反が生じることをいっている。本来は公的機関でない法律・保健・医療・福祉などの専門職とユーザーも含む人権センターやペイシェントアドボカシーの機能をもつ民間団体などがこの役割を担うのがよいのではないかと思われる。

② 精神医療審査会委員の報告徴収権について

従来の「関係者から意見を聞く」ということから，「本人の意見を聞きそして関係者に対し報告もしくは意見を聞き，診療録その他の帳簿書類の提出または出頭を命じることができる権限をもつ」に至った。これ以外に今回の改正では，精神医療審査会の委員数の制限の撤廃などがあり，精神医療審査会の機能が強化された。

このように精神医療審査会は非自発的入院に関する不服申し立て制度を中心に精神障害者の人権に配慮した医療の確保を目的に設置された。

なお，それまでも1965年に措置要件の調査請求権規定が設けられていたが，精神衛生法の不備もあり，正常に機能していなかったことはその後発覚した精神科医療のさまざまな悲惨な人権侵害の事件をみても明らかである。

3. インフォームド・コンセントについて

インフォームド・コンセントとは，医師の立場からは，患者にわかるように治療に関する「説明」を行ない，そしてその「同意」をえるということである。治療の専門家でない患者の立場からすると，「知る権利」の行使とその「治療の選択」（インフォームド・チョイス）という要素を含んでいる。インフォームド・コンセントが適切に行なわれるためには，患者への情報の開示が条件となり，インフォームド・コンセントのめざすものは，患者の自己決定権の尊重である。

インフォームド・コンセントという用語がはじめて使用されたのは，アメリカ（1957年）で胸部大動脈造影によって両下肢麻痺の責任が問われた Salgo v. Lelannd Stanford Jr.の裁判であるといわれている。そして，1960年から70年代にかけてのアメリカの人権運動（公民権運動，反戦・平和運動，女性解放運動，消費者運動などの人権運動）はインフォームド・コンセントの原動力となり，1973年にはアメリカ病院協会が「患者の権利章典」を出し，ここで患者として治療の説明をうける権利と，その治療に同意または拒否する権利が示された。また，1982年「医療と生物医学的，行動科学的研究における倫理問題研究のための大統領会報」によってインフォームド・コンセントのガイドラインが発表され，有効なインフォームド・コンセントの条件として，① 意思決定能力が存在すること，② 自発的な意思決定が保障されること（個人を尊重したコミュニケーションがもたれることが普遍的な理想と考え，患者は個人的な価値観と自らの目標を達成するために医療内容の決定の権利をもつ），③ 必要な情報を患者に与えていること（医療従事者はその情報が患者にとって望ましいものでないという理由だけで情報提供を見合わせるべきでない）をあげた。また，情報開示のガイドラインとして要約すると，① 現代の医学的状態像と，治療しない場合の経過予測，② 予後を改善する医療行為について，治療法および，そのリスクと利益，③ もっともよいと考えられる選択肢につい

ての専門家の意見を患者に告げること，としている。このようにインフォームド・コンセントは医療における患者の権利について最初は法的な発達を遂げ，途中からはむしろ医療側の倫理を高める要素も含んで発達してきた。また，インフォームド・コンセントは医療にだけ用いられるものでなく，当然，社会福祉サービスの提供についてもまったく同じ理念が適用されることは当然であり，そのサービスの利用者においても同じ権利を有していると考えなければならない。特にわが国における精神科医療および精神障害者に関する福祉施策はこのインフォームド・コンセントの理念と現実の状況についての差があり，いまだに精神障害者のアドボカシーが正常に機能していない医療・福祉機関が存在する。また，インフォームド・コンセントと対極の概念で，インフォームド・コンセントの理念を阻害するパターナリズムという概念がある。温情主義や父権主義という日本語が当てられることが多いが，「支配者が被支配者の忠誠や服従に対し，温情的な保護を与える」という構造的な意識を含んだ行為の意味である。これは医療および福祉に押し当ててみると，サービス利用者のニーズを軽視し，サービスの提供者の経験や知識に基づき判断された一方的なサービス提供がなされることをいう。わが国の今日の精神科医療および福祉サービスの状況を考えると，介護保険制度に代表されるように，サービス提供者と利用者の関係は契約によって成立し，契約の当事者同士は当然，対等でなければならない。精神科医療・福祉において，医療・福祉情報を知り，なおかつ，専門家である援助者からの説明をうけ，自らの治療・援助方針の決定に参加し，自己責任で選択，決定したいという患者もしくはクライエントの希望が十分叶えられる状況となっているのか，精神医療従事者は謙虚に，この現実をうけ止める必要がある。そして，精神科ソーシャルワーカーはその業務の中で，患者もしくはクライエント一人ひとりに援助プランがあり，またその援助プランの作成段階のどの部分に患者もしくはクライエントの参加があり，その意思が反映されたプランの作成になっているのか，自己点検することが大切である。

なおカルテ（個人情報）の開示についてのべると，カルテは医師の備忘録であるから医師のものであるという意見，患者情報は患者に帰属するものであるから患者のものであるという意見，それとも共有のものなのか，さまざまな意見があるが，最近では，医師と患者の双方のものとする考え方が，精神障害者の権利を含むインフォームド・コンセント，自己決定権の考えにも反しないものとして認知されつつある。

開示請求権に関する諸外国の現状として，カナダでは最高裁判所判決によって1992年に，アメリカでも州の半数以上が連邦プライバシー法，統一州法によって開示請求権が求められている。また，制限つきではあるが，イギリスでは保健記録アクセス法で，スウェーデンでは患者記録法で，ドイツでは客観的所見のみではあるが連邦裁判所判決が出され，開示請求権が認められている。

4. 地域社会における精神障害者の人権について

(1) 社会的障壁としての欠格条項

日本国憲法では「法の下の平等」「基本的人権の尊重」「個人として尊重され，自由および幸福追求に関する権利」が定められているが，これは国連が採択した障害者を含むすべての人間の権利保障と同じ内容である。しかし，わが国には1998年8月現在，63制度（免許単位）に障害者に関する欠格条項が存在する。欠格条項とは資格取得制限，行動制限，公共の施設等の利用制限などをいい，絶対的欠格条項（障害および病気であれば資格取得が不可能）と相対的欠格条項（病気の状態に応じて資格取得が可能）がある。

1987年の精神保健法成立時に，撤廃されたが，精神病を理由とする資格取得の制限や利用の制限があった代表的なものに公衆浴場の利用がある。それまでは精神障害者は公衆浴場を利用することができなかったことになり，家屋に浴室がついていない精神障害者は入浴する機会を奪われていたことになる。1995年には調理師法や理容師・美容師法の改正が行なわれ，絶対的欠格条項から，相対的欠格条項になった。しかし，今現在も多くの欠格条項が存在して

いる。たとえば、薬剤師法における聴覚障害に関する絶対的欠格条項など、多くの欠格条項の基準が曖昧で、差別的な欠格条項が存在する。これらは障害者基本法の「障害者の社会への完全参加と平等」という基本理念にも反している。障害者プランにもその見直しが明記されていたが、さらに政府は、1999年8月に政府方針を打ち出し、2002年までに次のようなポイントで各省庁に欠格条項の見直しを促している。①対象者を厳密に規定する、②絶対的欠格条項から相対的欠格条項へ改正する、③障害を表す規定から機能に着目した規定に改める、④資格・免許の回復規定を明確化する、以上の4点を具体的な検討事項とし方針化している。医師法や道路交通法等の欠格条項がどのように見直しされるのか、今後も障害者が不当に権利侵害をうけないようにチェックを怠ってはならない。

(2) 成年後見制度と権利擁護事業について

地域福祉権利擁護事業は、痴呆や知的障害・精神障害のために自己決定能力が低下した者の福祉サービス利用を支援するため、また、民法の成年後見制度を補完する仕組みとして制度化された。この事業は、都道府県社会福祉協議会を実施主体とした国の補助事業で、実際に利用相談をうけ、生活支援員を派遣する業務は、市区町村社会福祉協議会等に委託される（第2種社会福祉事業として位置付けられている）。

成年後見制度は改正が行なわれ、2000年4月より新しい成年後見制度がスタートした。新しい制度は自己決定の尊重と本人保護の理念の調和をめざしたもので、従来の禁治産、準禁治産制度は基本的には100年前の民法のままで改正が待たれていた。新しい制度は、3類型からなり、①「補助制度」は、軽度の精神上の障害により、判断能力が不十分な人を対象としている。申し立ての範囲内で家庭裁判所が定める特定の法律行為について、本人の意志を尊重しながら本人の同意の下で、補助人に代理権、同意・取消権を付与する。②「保佐制度」は、改正前の準禁治産にあたり、判断能力がいちじるしく不十分な場合に、保佐が開始されると、保佐人が選任され、本人が行なう財産行為は、保佐

人の同意を要し，本人が保佐人の同意を得ず行なった財産行為について，保佐人はそれを取り消すことができる。新たに取消権も付与され，本人の申し立てによって特定の法律行為に関する代理権も保佐人に付与することとなった。③「後見制度」は，改正前の禁治産にあたり，判断能力を欠く人を対象とし，後見が開始されると，成年後見人が選任される。成年後見人は，日常生活に必要な行為を除いて，成年後見人は本人の行為全般について本人を代理することができ，本人がした行為を取り消すことができる。今回の成年後見制度の改正では，任意後見制度も創設された。」

注)
1) 大谷　實「精神障害者の人権と法制度」松下正明・斎藤正彦責任編集『臨床精神医学講座 22　精神医学と法』中山書店　1997 年　p.5

参 考 文 献

ICJ 編　広田伊蘇夫・永野貫太郎監訳『精神障害患者の人権』明石書店　1996 年
松下正明, 斎藤正彦責任編集『臨床精神医学講座 22　精神医学と法』中山書店　1997 年
N・ベイトソン著　西尾祐吾監訳『アドボカシーの理論と実際』八千代出版　1998 年
西尾祐吾・清水隆則編集『社会福祉実践とアドボカシー』中央法規出版　2000 年
高橋清久「カルテ開示に関する検討経過と問題点」『精神神経学雑誌』pp. 626〜632
秋元波留夫『精神障害者の医療と人権』ぶどう社　1987 年
北村總子・北村俊則『精神科医療における患者の自己決定権と治療同意判断能力』2000 年
精神保健福祉士養成セミナー編集委員会編『精神保健福祉士養成セミナー 4　精神保健福祉論』へるす出版　1998 年
福祉士養成講座編集委員会編『改訂　社会福祉士養成講座 1　3 訂　社会福祉原論』中央法規出版　1999 年
沖倉智美「ソーシャルワーカーと権利擁護（障害者施設利用者の生活を護るために）」『ソーシャルワーク研究』VOL 27　NO.1　2001 年
精神保健福祉研究会監修『改正精神保健福祉法の概要（改正事項の説明と検討の

経緯)』中央法規出版　2000年
障害者欠格条項をなくす会編集『欠格条項にレッドカードを（障害者欠格条項の見直しに関する提言）』関西障害者定期刊行物協会

第6章
精神保健福祉士の理念と意義

1. 精神保健福祉の歴史と理念

(1) 精神保健福祉の歴史

　精神障害者は洋の東西を問わず歴史の中でさまざまな扱われ方をしてきた。憑き物とか超能力者とみなされていたことには共通する畏れのようなものがある。西洋キリスト教圏では12～13世紀頃から多くの精神障害者が異端審問や魔女裁判にかけられ拷問や処刑をされた。最後の魔女処刑は1778年という記録が残っている。15世紀初頭ヴァレンシアに，16世紀イギリスに（ベツレヘム癲狂院），また世界各地に病者を引きうける収容所ができていき，有名なベルギーの温泉地ゲールのように，信仰を背景とした病者の世話をする民間療法も行なわれていた。その後フランス革命を経て1793年にパリのビセートル精神病院長ピネル（P. Pinel）が病者を鎖から解放し，1975年サルペトリオール病院の改革が始まるまでのおよそ500年，精神障害者は闇に塗り込められた長い不幸な歴史を有していた。16世紀にすでに「精神病は身体病と同様である」と訴えて魔女狩りに反対していたオランダの医学者もいたというが，近代に入っても治療法は未発達であり，薬草や物理的刺激，鎮静方法しかなかった。その後18世紀頃から精神病者は宗教施設から離れ，病院および医師の管理下に置かれるようになり，近代医学の発展とともに医学・治療の対象として範疇化されていく。一方，日本では古代から近世まで精神障害者の処遇は比較的寛容で厳しいものではなかった。たとえば701年の大宝律令では孤老，孤児，廃失者といった他の社会的弱者とともに保護収容され罪も軽減することが規定されている。全国各地の寺の境内などに収容する場所があり救護の対象となっていた。たとえば11世紀頃から800年もの間，京都岩倉村では大雲寺の滝信仰に

より，近在の多くの家庭が病者を預かり，生活の面倒をみながら滝に打たせては静養させ病気を鎮めるといった民間療法を続けていた。1846年奈良林一徳が日本初の私立精神病院加命堂脳病院を開いている。しかし日本では西洋の流れに逆行するかのように，むしろ近代になってから精神病者を閉じ込めていく酷い時代が始まる。

1) 精神病者監護法

明治政府には江戸封建体制を一日も早く解消して欧米列強からの侵略を避けるため急速に近代化を遂げていく焦眉の課題があった。国力とは軍備，それを支える産業経済，人的資源づくりとしての教育等であった。富国強兵，殖産興業というスローガンのもとに急速な工業化が始まり，そこに大勢の人びとが集中して都市化が起き始めた。こういった急速な国家の近代化，資本主義体制等は多様な社会的弱者を創出し，同時に排除をしていく矛盾した性格をもつ。1874年には医制が発布され，精神病者の治療施設として東京府癲狂院，続いて京都癲狂院が設立されたが，三食を与える程度のことで特別な治療はなかった。入院できない多くの病者は排除の思想の犠牲になっていく。主君の不法監禁ということで当時社会問題になった相馬事件は間接的に1900年の「精神病者監護法」制定へと繋がるが，この監護法は精神病者を治療の対象でなく社会の秩序を乱す危険な存在ととらえ，病者を出した家族，親族にその身柄を監視する義務を負わせる社会防衛的な法律であった。家族は法律で監護義務者と規定された。家族が病者を座敷牢や納屋などに監禁する義務。これは精神病が血筋の病だとか，因果応報であるといった前近代的で根拠のない迷信と結びつき，長い年月，精神障害者のみならずその家族をも苦しめ続ける条項になる。法律の制定時ドイツ留学中であった東京帝国大学医学部精神医学教授呉秀三は帰国後すぐにこの法律を「私宅監置トハ精神病者監護法ニ基キ，私人ガ行政廳ノ許可ヲ得テ，私宅ニ一室ヲ設ケ精神病者ヲ監禁スルヲ謂フナリ」と看破し，1910年から7年がかりで全国的な私宅監置の実状調査を行ない，1918年に「精神病者私宅監置ノ實況及ビ其統計的観察」[1]としてまとめた。当時患者数6

万5,000人のうち入院が5,000人，あとの6万人が私宅監置下に置かれていた。この調査は私宅監置の悲惨を具体的に提示し，政府に精神病院の設立の必要性を訴えるもので，その第7章（意見）の中で「我邦十何萬ノ精神病者ハ實ニ此ノ病ヲ受ケタルノ不幸ノ外ニ，此ノ邦ニ生レタルノ不幸ヲ重ヌルモノトイ云フベシ」という悲痛な文章を刻んでいる。呉のいうように，イギリスでは「無拘束の原則」が叫ばれ，アメリカではボストンのマサチューセッツ総合病院で精神科ソーシャルワークが始まり，ビアーズ（C. W. Beers）が『わが魂にあうまで』を発刊し，精神衛生活動が芽生えたまさに同時代のことである。

2) 精神病院法

呉らの強い働きかけもあり，1919年に「精神病院法」が制定されたが，結局公的病院は6施設のみ，私的病院も必要患者を入院させるには程遠い数で，呉の願いも空しく私宅監置は続いた。「精神病者監護法」は「精神病院法」制定後も廃止されなかったのである。1940年の調査で病床数2万3,000床，私宅監置はなお続いていた。こののち日本は急速にアジアにおいて植民地政策をすすめ15年戦争，第2次世界大戦の時代に突入する。軍備拡張は一般国民にも窮乏を強い，米騒動などが起きた。病院閉鎖と餓死者のために精神病院入院者2万5,000人が4,000人に激減した事実が精神病者の処遇の劣悪さを物語っている。

3) 精神衛生法

① 私宅監置の禁止から施設収容へ

敗戦をむかえた日本はGHQの勧告により新しい憲法の制定，国家責任としての福祉政策を推進する責務から福祉六法体制を確立し，貧困，障害問題等に取り組み始める。また荒廃した諸環境の改善に公衆衛生対策も始まる。1950年に「精神病院法」にかわって新たな「精神衛生法」が制定される。この法律は私宅監置の禁止を明文化し，都道府県に精神病院の設置を義務付けたものであるが，民生行政とは別枠の衛生行政の一環に位置付けられ，伝染病，結核，らい予防法等とともに戦前からの隔離収容主義をそのまま引き継いだ。つまり

私宅監置のかわりに医療施設への強制収容（措置入院・同意入院）を認めるもので，精神病者の人権は配慮されず，保護義務者規定も削除されなかった。その他法律の対象に精神薄弱者（知的障害者）や精神病質者も取り込んだこと，精神衛生鑑定医を設けて措置入院の診察を行なうこと，精神衛生相談所，訪問指導の規定ができたことなど，が特徴としてあげられる。

精神病院の設置義務は唱えられたものの，1954（昭和29）年の全国精神障害者実態調査で病床数は3.7万床で必要数の1/10にも満たないことが明らかになり，施設を増やすために，1960年精神病院新設に対して特に低利の医療金融公庫貸出制度が創設され，また医療者の配置基準も一般病院より格段に低い特例を認めたことが民間精神病院の建設ラッシュを招いた。結果的に地価の安い田園地帯に数百床をもつ私的精神病院が乱立し，民間病院依存という日本の精神医療の特徴を形成することとなった。経済的措置入院が増大し（1970年25万床に増加，うち7万6,000人が措置入院），精神障害者は生まれ育った土地や便利な場所から離され，市民生活から隔絶され，長い入院生活を余儀なくされていく。

② 精神衛生法改正

精神医学の進歩や，関係領域の活動に支えられ，また諸外国の精神医療の趨勢を導入して精神衛生法は予防・治療・社会復帰と一貫した施策への移行を検討していたが，不幸な事件がその流れにストップをかけた。ライシャワー米国駐日大使の刺傷事件である。犯人が19歳の精神病の青年であったため，「野放し」という文字が新聞紙面を覆った。無理解な世論の影響もあり，法律は予防と治療のみに政策転換して1965年「精神衛生法改正」を行なった。まず保健所を第一線機関として位置付け，精神衛生相談員（精神保健福祉相談員）を配置。都道府県に精神衛生センター（精神保健福祉センター）を設置。通院医療費公費負担制度の新設等を通して，通院患者の把握と治療の確保を図った。守秘義務規定はこのとき定まっている。予防拘禁を意味する保安処分の動きも出てきたが精神医療従事者や患者家族，当事者の組織等が強い反対運動を起こし

た。連動して閉鎖病棟の開放化への試みが各地で試行され，精神科ソーシャルワーカー（PSW）も増えていき医療と地域との壁を崩すべく，病院内で，また地域でとさまざまな社会的活動を展開し始めた。

③ 「精神保健法」から「精神保健法改正」まで

1984年に内部告発から始まった「宇都宮病院事件」は前述した日本の精神病対策の暗部を浮き彫りにするような不祥事であった。真相が明るみに出るや国内に留まらず国際社会からの非難も集まり，国連を通じて人権問題を専門とする国際法律家委員会が調査に入り日本の精神医療に強く改善勧告をした。このことが1987年の「精神保健法」公布へと法の意義を変換させる原動力となった。この法律で初めて精神障害者の社会復帰の促進と人権への配慮という文言が現れた。また精神医療審査会・権利告知の制度化・任意入院等5つの入院形態が整えられたのである。多くの犠牲と国際世論の圧力がないとかわらない日本の体質が如実に現れている。国際的な潮流としては，北欧を中心にノーマライゼーション（normalization）概念が広まったこと，1991年「精神病者の保護および精神保険ケア改善のための請原則」（国連原則）が採択されたこと，それをうけて日本でも1993年，「心身障害者対策基本法」が改正されて「障害者基本法」になり，障害者の範囲に精神障害者も入ったことなどを機に同年「精神保健法改正」があり，保護義務者の義務規定が外されて保護者となった。他に社会復帰促進センター・第2種社会事業としてグループホームの法定化・施設外収容の禁止項目廃止等が改正点である。

④ 「精神保健及び精神障害者の福祉に関する法律」

1995年に法律名称が大幅にかわり保健福祉の章が新設された。それに伴って法の趣旨も変容した。法の目的は，①精神障害者の医療および福祉，②精神障害者の社会復帰の促進，③精神障害者の自律と社会参加のために必要な援助，④精神障害の発生の予防その他国民の精神的健康の保持および増進がうたわれている。ただ精神障害の概念が医学を念頭において規定されている点を問題視する声もある。また「精神障害福祉手帳制度」が創設され，1~3級

の障害程度に応じて制度利用が認められるようになった。手帳を所持することによるメリットはまだ十分でないが，市町村単位で徐々に手帳に福祉の意味をもたせる期待は大きく，関連団体も署名運動などを通じて働きかけている。また新たに社会復帰施設，事業（福祉ホーム・福祉工場・通所リハビリテーション）を法定化した。

これらの施設は「障害者プラン」により目標数値が設定されているが，現実には施設建設に地域の理解が十分得られず施設コンフリクトが生じている地域も少なくない。偏見にどう向き合うかが今後の課題である。

（2） 精神保健福祉の理念

以上のべてきたように，精神障害者は長い間「あたりまえの生活」を保障されて来なかった。つまり福祉の対象からは外れていたのである。しかし当事者，家族組織，精神医療関係者等の地道な運動や他の障害者領域での目覚しい潮流が少しずつ変革を可能にしていった。1981年の国際障害者年を皮切りに「ノーマライゼーション」理念が共有のものになり障害者をコロニー化した施設に収容するという社会のほうがノーマルでないという考え方が普及し始めた。また憲法で保障されている基本的人権，生存権等の解釈も深まり，障害者福祉は措置によって決定されるものでなく，障害をもちながらも普通に生活をすることを社会や社会を構成する人びとがどう保障し，また工夫していくかという視点が新たに提起されたのである。これは，普遍的な障害者福祉の理念でもあり精神保健福祉の理念でもある。

2. 精神保健福祉士の意義

（1） 精神保健福祉士の歴史

精神科（精神医学）ソーシャルワーカー（以下，PSWと略記）の起源は1905年アメリカ，マサチューセッツ総合病院の医師キャボット（R. C. Cabot）とキャノン（I. M. Cannon）の活動にみられる。その新しい取り組みというのは，患者の生活背景，家族関係などを家族面接を通じて収集し，治療のための

情報として役立てることにあった。この後PSWが特にアメリカで発展したのは力動心理学者のマイヤー（A. Meyer）の強力な影響があったといわれている。[2] 日本では1930年代，すでに精神衛生国際会議等でPSWの存在と業務を理解していたが，戦後1948年になって国立国府台病院に「社会事業婦」採用，次いで1952年に国立精神衛生研究所が心理学者とともにPSWも入れて臨床研究チームを編成したことから本格的な歴史が始まるといってよい。その後10年間で主に医療機関で採用が始まり1964年日本精神医学ソーシャル・ワーカー協会が設立した。会員は90名足らずであった。1965年以後は保健所精神衛生相談員（精神保健福祉相談員）が組織に加わった。当時すでに組織化されていた日本医療社会事業協会（MSW協会）とは別に精神医療の専門家チームの一角を自認していたことがうかがわれる。ではPSWはどのような仕事をしてきたのだろうか。主に精神医療や保健行政の現場で，医学，看護，リハビリ等の医学モデルに巻き込まれず，社会福祉学を背景に当事者が奪われた社会性，権利，自己評価の立て直しに力点を置く援助活動をめざしてきたといえる。精神的な病をもつがゆえに生活する上で困難，不自由，不利益を被っている精神障害者の社会的復権，自分らしく生きていく自由を再構築する過程を支える姿勢を多くのPSWは堅持してきた。精神保健福祉士という国家資格名称になり，法律に定義や業務が規定されても基本姿勢はけっしてかわるものではない。

（2） 精神保健福祉士の意義

1）「精神保健福祉士法」制定

　国は精神障害者が社会復帰を果たす上で障害となっている種々の問題を解決していくためには医療職のみでは無理であり，保健および福祉の専門職の創設が必要と認めて，1997年「精神保健福祉士法」を制定した。多くのPSWが臨床チームに加わって仕事をしてきた実績もあり，社会福祉学を背景にしながらも保健，医療のある程度の知識も必要ということで精神保健福祉士と名称化された。「精神保健福祉士法」からその定義をみてみよう。

第2条：この法律において精神保健福祉士とは，第28条の登録をうけ精神保健福祉士の名称を用いて，精神障害者の保健および福祉に関する専門的知識および技術をもって，精神病院その他医療施設において精神障害者の医療をうけ，または精神障害者の社会復帰の促進を図ることを目的とする施設を利用している者の社会復帰に関する相談に応じ，助言，指導，日常生活への適応のために必要な訓練その他の援助（以下，相談援助という）を行なうことを業とするものをいう。

2) 精神保健福祉士の業務

精神保健福祉士法によると，業務は以下の7項目になる。①受診援助，②入院援助，③退院援助，④療養上の問題整理，⑤経済的問題調整，⑥就労問題援助，⑦住居，教育，日常生活援助であり保健と福祉にまたがる領域で業務を行なう。医師との関係は指示関係ではなく連携と主治医への援助。義務として信用失墜行為禁止義務・守秘義務が規定されている（下線筆者）。

以上の精神保健福祉士の業務に関する項目はPSW実践の歴史と，保健医療領域での他の専門職種との相互補完関係，あるいは緊張関係の中で規定されたものであるが，われわれ社会福祉専門職は従来の医学モデルに存在意義や業務を埋没させず，専門性からの視点を常に確かなものにしていなければならない。

3) 精神保健福祉士の専門性

社会福祉を体系的に理論化した岡村重夫[3]は生活と人間との関係を7つの要素の相互二重構造からとらえる。7つの要素とは，ⓐ 経済的安定，ⓑ 職業的安定，ⓒ 家族的安定，ⓓ 保健・医療の保障，ⓔ 教育の保障，ⓕ 社会参加ないし社会的協同の機会，ⓖ 文化・娯楽の機会である。

人間が普通に年齢を重ね生活をしていくことを改めて考えると，岡村のいう各要素によって生活が構成されることが最低条件として納得できる。しかし誰もが常に各領域と安定的関係を結べているわけではない。ライフイベント，ライフサイクルによっても安定は揺らぐ。加えて現実に構成されている各要素

(制度・慣習他)は人にある種約束事のような役割を要求してくる。その役割は個人の主観や希望を超えた客観的なものであることが多いので，個人の存在の仕方からみると矛盾することもある。特に障害者の生活を基軸にこれをみていくと矛盾の多いことに気がつく。社会関係自体が切断されていたり不安定になっていることが多い。しかも障害者自身や家族は多様な社会関係を最初からあきらめる傾向が少なくない。これは個人の問題であるよりも，歴史的に形成されていった諦観に近いと解釈する方が妥当であろう。実に福祉の視点とはこの関係性の修復調整と一方で制度面への働きかけを意味する。個人への働きかけの一方で新しい関係要素や制度の創設といったダイナミックな働きかけを含む働きかけなのである。岡村が相互（双方向）の関係というのはこの点であろう。精神保健福祉士は特に精神障害者があたりまえの生活を送る上で障壁となる各要素との関係性に着目し，現実生活における「主体的個人」として社会，制度に対して理解を求め，要求し，変えていく力をつける過程を支援する役割を担うべきである。たとえ病的体験があろうとあたりまえの生活を送る権利があるということを従来の医学モデルは考慮にいれなかった。またつい最近までの社会福祉施策はまず容器としての施設を作り，規則を作り，構造化された生活を当事者に強いてきた。施設化した多くの精神病院もそうであった。それらにかわる懐の深い「地域」を念頭においた生活モデルの枠組みがこれからは重要になる。そのためには当事者の側から学び，共有し，ある時は擁護していく過程で福祉援助は具体性を帯び，意義も深まる。精神保健福祉士の専門性の，①価値，②知識，③技術を改めて再認識すべきであろう。

①精神保健福祉士の価値

精神保健福祉士が基盤にし，譲ることのできない役割価値と態度価値を考えてみよう。前項の意義にも関わることである。どの領域で仕事をするにせよ①精神障害者の人権の尊重，②当事者を人と社会（地域・家族）との全体的な関連の中でとらえる，③生活者の視点をもつ，④自己決定の原則，以上の4つを常に点検しながら，他の職種に対しても説得力のある立場を貫きたいもの

である。
　②精神保健福祉士の知識
　いかに優れた人であろうと一個人の知識や経験には限界がある。筆者はかねがねいわゆる対人援助を専門とする者は，広い意味での人間理解のために歴史や哲学（倫理学）人類学，芸術等々を学びつつ体験して，人間存在に関わる思索を巡らすことが不可欠であると考えてきた。ことに社会福祉の対象領域は社会的弱者，少数者が多い。彼らの在りようや声，また現実に起きているさまざまな出来事に対する感受性に加えて，多面的立体的に観察する力，銘記してそれを醸成させていく訓練の積み重ねが必要であろう。その上で知識や技術は適正に働くのである。専門資格知識としての必要履修科目は以下である。
　ⓐ精神医学，ⓑ精神保健学，ⓒ精神科リハビリテーション，ⓓ精神保健福祉論，ⓔ社会福祉原論，ⓕ社会保障論，ⓖ公的扶助論，ⓗ地域福祉論，ⓘ精神保健福祉援助技術総論，ⓙ精神保健福祉援助技術各論，ⓚ精神保健福祉援助演習，ⓛ精神保健福祉援助実習，ⓜ医学一般，ⓝ心理学，ⓞ社会学，ⓟ法学
　③精神保健福祉士の技術
　演習や実習を経験し資格を得ることで技術が身に付くものではない。また単独で取り組む仕事ではないので実際には現場に出て徐々に獲得していくものである。常に自分が置かれている環境の特性や機能を把握し，チームやスタッフの専門性や経験も理解吸収した上でどのような切り口で知識や技術を使えるかを吟味しなければならない。直接的援助技術（ケースワーク，グループワーク），間接的援助技術（コミュニティワーク，ソーシャルワークリサーチ，ソーシャルアドミニストレーション，ソーシャルプランニング）と従来理論化されてきた技術（介入）が精神保健福祉領域でより磨かれ，他領域に豊かに還元されることを期待したい。

3. 精神保健福祉士の対象

対象は第2節における精神保健福祉士の定義の中ですでにのべたとおりである。長期にわたって社会的入院をしている者，入退院を繰り返している者，社会復帰施設を生活拠点にしている者，保健所やデイケア，地域の施設を利用しつつ生活をしている者，加えて医療にかかりきれていない者等々である。ここで精神障害者の概要について触れておこう。

(1) 精神障害者の置かれている状況（平成8年調査）

推定患者数：217万人

精神病床を有する病院：1,670施設（うち85％が民間精神病院）

精神病床数：35万9,530床

病棟閉鎖率：70％

入院患者数：33万5,803人

在院患者の構成の特徴：50％以上が5～10年以上入院（65歳以上が15％）

社会入院：30～40％が退院可能な患者

このような入院中心，しかも諸外国と比べて民間病院・施設依存の特徴は，たとえ法律がかわっても実態が余り改善されていないという問題に結びつく。この状況の中で精神障害者の福祉と取り組む精神保健福祉士の援助がいかに必要かは明確である。やはり収容主義的といわれても仕方のない現状が資料統計からも読み取れる。

(2) 対象への援助

対象への援助を考える時に社会福祉学的な基盤以外に疾患への理解，精神障害者が置かれている環境，状況の把握，その障害特性の認識等が要求される。その上で生活主体としての対象者個人と向き合うことが大切である。援助の主な項目は，①経済的安定，②治療の継続，③安心していられる生活に近い場，④人との繋がり，⑤いつでも相談できる体制と人としての尊厳を回復する手助けをしていくことに尽きよう。援助自体が従来の制度適応（措置）のよ

うに一定の条件や時間的経過によって標準的にとらえられてはならない。

　例として障害の特性に関してのべてみよう。PSW実践や臨床医学の中で指摘されているのが「生活障害」あるいは「生活のしづらさ」という概念である。「対人関係が不器用」「嘘がつけない，秘密が守れない」「集中持続力に欠ける」などは慢性の精神疾患の状態像として指摘されるところであるが，生活上の障害としてこのことを具体的分類した精神障害者保健福祉手帳の障害判定基準の項目でみてみよう。①調和のとれた適切な食事摂取，②洗面・入浴・更衣・清潔など身辺の清潔保持，③金銭管理や計画的で適切な買い物，④規則的な通院・服薬，⑤家族や知人・近隣等と適切な意思伝達や協調的な対人関係づくり，⑥社会的手続きや一般の公共施設の利用，⑦文化的社会的活動への参加。これらの項目の程度によって障害の程度が認定される。一読して分かるようにADL（日常生活動作）の障害や知的障害とは違う切り口である。筆者は病院PSWとして相談支援を続ける中で障害改善へのアプローチの順序・方向性を以下のようにみていった。ここに一部をあげてみると，①身だしなみ：季節に合った物をえらぶ⇒ちぐはぐな組み合わせでない⇒T・P・Oにかなった⇒自分に似合う⇒化粧・アクセサリー・小物を整えられる。②経済観念：消費⇒貸借⇒管理⇒生産（稼ぐ）⇒貯蓄，③家事：洗濯⇒掃除⇒買い物⇒炊事⇒家計管理⇒育児，④コミュニケーション：要求する⇒否定する⇒依頼できる⇒相談できる⇒対話する⇒相談をうけられる，⑤人付き合い：二人称依存⇒少ない集団内に居続けられる⇒集団のマナーを守る⇒一定の役割を果たす⇒人との約束を守り，秘密を保持できる⇒周囲に柔軟に合わせられる⇒集団の中で自己を発揮できる。

　障害者のみならず家族もこのプロセスを飛び越えていきなりまとまった行動様式をめざすことが多い。病前にはできていた，社会復帰に直結したいとはやる気持ちからである。無理をして再発に結びつくこともある。医師も「無理をしないように」とアドバイスするが抽象的な注意の域を出ない。この点，精神保健福祉士は生活に根付いた，また個人の個性特徴をよくつかんだ具体的支援

をすることが可能である。場合によっては障害者の自己決定を促進するためにさまざまな（しかし対象者に応じて現実可能性のある）情報をセルフヘルプグループなどとともに整理して提供することも必要となる。生活の多様な豊かさは経験の豊かさを保障するし，さまざまな暮らし方，生き方の選択を保障する。日常生活場面を余り知らない医師がこの診断書を書く時，われわれ精神保健福祉士は患者（障害者）本人とともにきちんと情報を提供することが必要である。こういった生活障害が，精神症状の後遺症なのか社会的要因（たとえば，生活実態を奪う長期の入院生活や社会生活を自閉的にする自己のあるいは周囲の偏見など）なのか定かではない。しかし今後，早期治療，適切な環境の中での短い入院，またきちんとした各種の情報を得た上での障害受容と自己管理，それらを支援していく精神保健福祉士の存在で，「生活のしづらさ」はかなり改善されるのではないかと思われる。

（3） 対象との関係性

医療や保健，福祉の専門職と対象者との関係のあり方でまず心しておかなければならないのは，専門職側がいかに水平的で謙虚であろうとしても対象者との力関係では常に上位にあるという認識である。知識・技術の差がその力関係を作るし，それ以前に精神障害者自身が自己評価を低くせざるを得ない現実に取り囲まれているからである。治療してもらう，相談にのってもらい，いわれた通りにするのが素人の患者の姿勢であるとの認識がまだ根強いのではないだろうか。「先生や看護婦さんのいうことを良く聞くから完全に治して下さい」という言葉に治療や相談に対する依存と幻想がまだ大きいことがうかがわれる。しかし福祉の視点はそうであってはならない。自分の気持ち，意思，生活確保の主体は他ならぬ自分なのである。それを擁護しその人らしく「暮らしたいところで自分らしく生きる」道をサポートしていくべきで，こちらの見通しや価値観を前面に出すべきではない。

医療のみならず社会福祉も基礎構造改革により自己責任による選択の時代に入っている。構造改革の是非は別として，直接対象者に接するケースワークで

はまず権利主体として当事者の自覚を促し，自分の生活や人生を再構築するためにさまざまな自己決定を下す援助こそが肝要である。こういった意識や能力を精神障害の程度によらず獲得していくことを，エンパワーメント（empowerment）という。何ものであれこれを脅かすものについて福祉専門家はアドヴォケイト（advocate：徹底的に当事者の側にたって代弁する）する役割を担うのが今後の対象援助の柱となっていく。

とはいえ，まだまだ精神保健福祉は始まったばかりである。歴史的にみてもわかるように精神障害者を取り囲む社会の偏見，差別，無理解は解消されてはいない。精神障害者社会復帰施設建設に関して住民との葛藤が生じている地域も少なくない。また障害者自身にも内なる偏見が横たわっている。当事者，家族，職域，地域などと協同して障害受容という課題に取り組むことが望まれる。

4. 精神保健福祉士の倫理

倫理に関しては1988年に施行された精神科ソーシャルワーカーの倫理綱領にすべてが盛り込まれている。1970年，PSWによって診察抜きで強制入院をさせられ人権を踏みにじられたと告発した「Y氏問題」の教訓を常に心に留めて置かねばならない。

〈前文〉

我々精神科ソーシャルワーカーは，個人の尊厳を尊び，基本的人権を擁護し，社会福祉学を基盤とする専門職としての知識，技術および価値観により社会福祉ならびに精神保健・医療の向上に努め，クライエントの社会的復権と福祉の為の専門的・社会的活動を行なうものとして，次のような倫理綱領を定める。

〈本文〉

1 （個人の尊厳の擁護）

クライエントの基本的人権を尊重し，個人としての尊厳を擁護する。

2 (法の下の平等の尊重)

クライエントを法の下に平等であり，かけがえのない存在として尊重する。

3 (プライバシーの擁護)

クライエントのプライバシーの権利を擁護する。

4 (生存権の擁護)

クライエントの健康で文化的な生活を営む権利を擁護する。

5 (自己決定権の尊重)

クライエントの自己決定権を最大限に尊重し，その自己実現に向けて援助する。

6 (地位利用の禁止)

職務の遂行にあたり，クライエントの利益を最優先し，自己の利益の為にその地位を利用してはならない。

7 (機関に対する責務)

所属機関がクライエントの社会的復権をめざした理念・目標にそって業務が遂行できるよう協力し，業務の改善・向上が必要な際には，機関に対して適切妥当な方法・手段によって，提言するよう努めなければならない。

8 (専門職向上の責務)

社会福祉とその関連領域の向上をめざす専門職として，自己の専門知識と技術の水準の維持向上に努めなければならない。

9 (専門職自律の責務)

同僚の業務を尊重し，もし相互批判の必要のある場合は，適切妥当な方法,手段によって行なわなければならない。

10 (批判に対する責務)

自己の業務におけるクライエント等による批判，評価に対して，謙虚でなければならない。

11 (社会に対する責務)

自己の専門知識と技術および価値観をもって，クライエントと社会に対して

貢献しなければならない。

注)
1) 呉秀三・樫田五郎『精神病者私宅監置ノ實況及ビ其統計的觀察』創造出版 2000年 p.3, 138
2) 柏木昭編著『改訂精神医学ソーシャルワーク』岩崎学術出版社 1993年 p.39, 41
3) 岡村重夫『社会福祉原論』全国社会福祉協議会 1983年 p.84, 92

参考文献

黒川昭登『臨床ケースワークの基礎理論』誠信書房 1985年
秋元波留夫・調一興・藤井克徳『精神障害者のリハビリテーションと福祉』中央法規出版 1999年
石渡和実『障害者問題の基礎知識』明石書店 1997年
中井久夫『病者と社会』岩崎学術出版社 1991年
坪上宏・谷中輝雄『あたりまえの生活 PSW の哲学的基礎』やどかり出版 1995年
谷中輝雄『生活支援』やどかり出版 1996年
ヴォルフェンスベルガー著 中園康夫・清水貞夫訳『ノーマリゼーション』学苑社 1982年
上田 敏『リハビリテーションを考える』青木書店 1983年
ミネルヴァ書房編集部『社会福祉六法』ミネルヴァ書房 2001年
日本精神医学ソーシャル・ワーカー協会『改訂これからの精神保健福祉：精神保健福祉士ガイドブック』へるす出版 1998年
京極高宣監修『現代社会福祉レキシコン（第2版）』雄山閣出版 1998年

第7章
精神障害者に対する相談援助活動

1. 精神障害者を取り巻く社会的障壁（バリア）

(1) 社会的障壁とは何か

　社会的障壁とは，障害者が社会，経済，文化その他あらゆる活動に参加していく時に，その実現を阻むものをさす。障害者がこうした社会生活から疎外されてきた歴史は長い。したがって，障害者の社会参加や自立を考える上で，社会的障壁という問題意識はきわめて重要なものであるが，その概念が明確に示されたのは「障害者対策に関する新長期計画」（平成5年3月，障害者対策推進本部決定）に始まる。また，『平成7年版　障害者白書』には，"バリアフリー社会をめざして"というサブタイトルがつけられ，社会的障壁についての問題意識がさらに深められている。

　「障害者対策に関する新長期計画」は，"すべての人の参加によるすべての人のための平等な社会づくり"を進めることを目的として作成され，そのためには社会的障壁の除去が，今後の施策の重要課題であることが位置付けられている。また，社会的障壁には物理的な障壁，制度的な障壁，文化・情報面の障壁，意識上の障壁があることが明記されている。その概要は以下のようである。

1) 物理的な障壁

　物理的な障壁とは，交通機関や施設を利用する際に，階段や段差があることによって，利用しにくい構造になっている状況をさす。障害者にとっては外出が阻まれ，施設利用等が困難となる。

2) 制度的な障壁

　制度的な障壁とは，障害があることを理由（欠格事由）に，国家資格の取得

ができなかったり，制限される等の法律・制度面からの制限をさす。障害者のもつ可能性を否定し，〈障害者＝能力のない人〉とする障害者観を作り上げる。

3) 文化・情報面の障壁

文化・情報面の障壁とは，点字や手話通訳体制の不備によって書籍やテレビなどを通じての文化・娯楽情報や生活情報が得ることができない状況をさす。生活の質を貧弱なものにし，災害時等における生活や身辺の安全に問題を生じる。

4) 意識上の障壁

意識上の障壁とは，障害者に対する先入観や偏見に基づき，障害者を地域の住民の一人として受け入れることを拒否し，彼らの基本的な権利を否定する状況をさす。これは，人を障害がある者とない者の二者択一的，対峙的にとらえ，障害者が一人の人格をもった存在としてとらえらえていないことに起因する。障害者を保護すべき存在としてのみとらえ，彼らの主体性を否定し，社会の構成員であることを排除する。

意識上の障壁はわれわれ一人ひとりがもつ人生観や価値観に起因する問題であり，その除去は"ともに暮らす社会"に向かってのもっとも重要な課題であり，また困難な課題といえる。

(2) 精神障害の構造と社会的障壁

世界保健機構（WHO）が1980年（国際障害者年開始前年）に発表した「国際障害分類」では，障害の構造を機能障害，能力障害，社会的不利の3つのレベルに分類している。また，「国際障害分類第2版」（2001年）では，心身機能，活動，参加という概念で分類されている。

わが国において，精神障害者を障害者として位置づけることができるのかについては長い時間を要したが，『障害者基本法』改正時に，この法律の対象であることが明記され，その決着をみた。精神障害においては，機能障害として精神疾患の状態，能力障害として生活面での能力の状態が規定されている（「精神障害者保健福祉手帳の障害等級の判定基準について」平成7年，厚生省保健

医療局長通知)。また，社会的不利として，居住や就労等において，国民の一人として当然保障されるべき基本的な権利の行使が剥奪されたり，制限されている事態をさす。

社会的不利や参加の制限といわれるものは法律や制度面の規定から生じるばかりでなく，地域住民の障害者観や受け入れ姿勢によっても生じる。ことに，精神障害者にとっては，身体的機能が低下することから生じる物理的な障壁より，偏見等から生じる意識上の障壁が社会生活への大きな阻外要因となっている。

わが国の精神保健福祉施策は，精神病院への保護・収容を基本に展開されてきた。その精神病院は高い塀，窓の鉄格子とドアのカギに象徴され，地域から隔離された空間となってきた。そうした精神病院の外観あるいは時にマスコミ報道される精神病院での不適切な処遇や精神障害者が関係する事故や事件を通して形成され，固定化されてきた障害者観は，地域住民に偏見，先入観を生じさせるものとなってきた。このような背景を元に作り上げられた精神障害者観によって，精神障害者は地域での生活基盤を失うことになったばかりでなく，早期の相談や受診，医療の継続，障害の受容にも大きく影響を与えることとなった。精神障害者にとって，意識上の障壁が社会的障壁の中でもきわめて大きな比重を占めている。

(3) 精神障害者を取り巻く社会的障壁

社会的障壁として立ちはだかる問題は，必要な時に安心して利用できる医療の不備や地域生活への支援施策の不十分さ等にもみることができる。また，精神障害者にとっての社会的障壁は，制度や地域社会との関係において生じるばかりでなく，時には家族との関係あるいは精神障害そのものとの関係からも生じるものである。

ここでは社会的障壁についての理解をさらに深めるために，具体的な事例の説明を行なう。

1) 地域社会と精神障害者

意識上の障壁から生じる問題は，施設設置をめぐる地域住民の反対運動に具体的にみることができる。平成11年に毎日新聞が行なった精神障害者社会復帰施設等の設置に関する地域住民との摩擦（施設コンフリクト）の実態は以下のように報告されている（平成11年2月20日朝刊）。

1989〜1998年の10年間に，全国33都道府県で少なくとも83件，のべ107施設でその建設をめぐる摩擦が起こっている。計画どおり設置されたのは，わずか16件で20%に過ぎない。予定より1年以上遅れたり，「柵をつける」「送迎を徹底する」等の条件ををつけた上で，当初の予定地での設置にこぎつけたのは9件，10%となっている。残る施設については，設置場所の変更を余儀なくされたもの（30件），住民との話し合いが決裂し計画を断念したもの（12件），話し合いが継続中（16件）と，報告されている。

多くの施設が設置をめぐって地域住民との話し合いに多大なエネルギーを費やしたり，計画を変更，断念している状況がよく理解される。こうした地域住民の反対運動の背景には，精神障害者を「怖い」「何を考えているか理解できない」等と考える先入観，偏見といった意識上の障壁が根深く存在する。

精神障害に対する正しい理解を進めるためには，地域住民の反対運動の理由や根拠を把握し，必要な場合には，その不安が解消されるような活動を展開していくことが必要である。こうした活動には，長い時間と多大なエネルギーを費やし，時には結果をみない場合もある。しかし，こうした活動プロセスそのものが精神障害に対する正しい理解を深め，ともに生きる社会を築くことにつながっていくものである。活動の結果だけでなく，そのプロセスにも重要な意義があることを十分に認識しておく必要がある。

2) 家族と精神障害（者）

精神障害者にとって家族は，安らぎと励みをもたらす大きな力となるものである。しかし，一方で，家族と精神障害者との関係がうまく維持されない場合には，家族は症状再燃の原因になる場合もある。家族という存在はプラスにも

マイナスにも作用することとなる。これは，精神障害者の家族に限ったことではないが，社会関係が希薄な中での生活を余儀なくされている精神障害者にとっては，家族という存在の比重がより大きいことを意味する。

家族自身が精神障害に対し偏見をもっている場合には，精神障害者への過干渉や過保護，制限といった問題を生じることがある。たとえば，兄弟姉妹の結婚式への出席を見合わせたり，子どもの病気について隠そうとするあまり親戚や近隣との付き合いを避けたりする場合などである。こうした状況は，精神障害者の生活範囲を狭くし，社会参加の機会を奪い，否定的な障害者観を植え付け疎外感を助長してしまうことにもなる。家族がもつ意識上の障壁から生じる言動が，精神障害者に対して社会的障壁として立ちはだかるのである。

ただし，相談援助活動の観点から理解しておかなければならないのは，家族も精神障害（者）に対する世間の偏見や差別に直面する存在であり，家族自身がもう一方の当事者であることである。家族自身が支えや援助を必要とする存在であることを忘れてはならない。滝沢武久は，家族は精神障害遺伝説に苦悩し，不治説に絶望し，危険説に揺れる存在であると指摘している。こうした家族の苦悩，挫折感にも深い共感と理解をもたなければならない。

3）精神障害者と精神障害

国際障害分類による障害のレベルは前述したとおりであるが，上田敏はさらに"体験としての障害"が存在することを指摘している。体験としての障害は"病名に圧倒される状態"と理解されるものである。精神障害という病名が付随してもつ意味そのものが大きな社会的障壁となってしまうのである。たとえば，精神分裂病という病名を告げられることによって，過去に学校や職場で築いてきた人間関係をはじめとする社会との関係が，これで閉ざされてしまうといった意識をもってしまうことになる。彼らの表現に求めると，「この病気になって生きている意味や甲斐がない。人生は苦以外の何者でもない」(「大阪府精神障害者生活ニーズ調査報告書」平成10年3月)となる。これは，精神障害が単に疾患としての問題だけではなく，その社会的意味が大きいことを示してい

る。

　精神障害者がもつこうした意識の背後には，欠格条項の存在や支援施策の不十分さ，地域生活からの排除など，そうした意識を補強する具体的問題が存在しているのである。その結果，時として，精神障害であることを否定したり，精神障害であることを隠すことにエネルギーが費やされることにもなるのである。

　精神障害という病名が社会的障壁とならないためには，精神障害者に自己否定を迫る問題の解消を図るとともに精神障害に対する正しい理解を深めるための保健福祉教育や啓発活動が行なわれなければならない。精神障害であることを否定し，また，隠す必要がなくなれば，彼らの社会復帰，社会参加に大きく寄与するものと思われる。

　以上，精神障害者にとっての社会的障壁となる具体例を述べてきたが，前述した1），2），3）は個々に独立して生じるものではなく，相互の関連性において生じるものであることの理解を深めておかなければならない。

2. 精神障害者の主体性の尊重

（1）主体性とは

　2000（平成12）年に「社会福祉法」を始めとする社会福祉に関する法律改正が行なわれた。法改正において，障害者等をサービス利用者という概念で位置付け，サービス利用者と福祉サービス提供者との対等な関係の構築がめざされ，福祉サービスの選択・決定権を障害者自身にゆだねることが位置付けられた。こうした改正の内容は，障害者の自己決定権に象徴される主体性の尊重を具現化したものである。

　主体性とは，自らの選択，意思，判断に基づき，自らの人生の主人公となって生きることを意味する。これは，日本国憲法にも認められている国民の基本的な権利である。しかし，障害者に対しては必ずしも尊重されてきたものではなかったのである。

（2） 精神障害者の主体性を阻害してきたもの

精神障害者の主体性を阻害してきた要因は以下の内容に求めることができる。

1） 精神障害の特質

精神障害の状態は幻覚・妄想など正常な精神活動ではみられない状態（陽性症状）と感情の平板化や周囲への無関心，意欲の低下など正常な精神活動にみられるものが欠落している状態（陰性症状）といわれるものに大別される。この2つの状態のうち，陰性症状といわれるものは，個人の主体性の確立に影響する要素となる。

感情の平板化によって他者とのコミュニケーションを希薄なものにする。周囲への無関心によって，他者への能動的な関わりが行なわれなくなってしまう。また，意欲の低下によって，自ら積極的に行動を起こすことが困難になる。このように，精神障害という症状そのものの中に，主体性を低下させ，受動的な生活に陥らせやすい傾向があることをまず理解しなければならない。また，発病に伴って，人間関係や仕事等の社会生活上での失敗や挫折体験をもち，自信を失って消極的な生活に終始している場合も多くみられる。精神障害は"独りぼっちの病"であり"自信喪失の病"としてとらえることもできるのである。

2） 治療の主体者としての位置づけの不備

長年にわたって精神保健福祉施策の中核を占めていたのは，精神病院での保護・収容を基本とする医療主体の施策である。「精神保健法」改正以降，精神病院への入院は，本人の意志に基づいてなされるものとされたが，歴史的にみれば，入院治療への十分な説明がなされないまま，精神病院への収容が行なわれてきた経緯がある。これは病識の有無といった精神障害の特質とも関連するものの，こうした歴史は，本来，治療や生活の主体であるはずの精神障害者をその中心に位置付けず，社会や家族の意向を優先した治療形態を位置付けることとなった。その結果，精神障害者自らが，治療や生活について主体的に考え

る機会を奪うことになったのである。

　また，治療の場である精神病院は，個人の居住空間が確保されることはなく，時に身体拘束や暴力行為等による管理が行なわれることとなった。こうした治療環境のもとでは，治療方針に受動的に従う療養スタイルをとることが，懲罰的な拘束や暴力からのがれ，「無事」に入院生活をおくり，早期に退院するための工夫となった。精神障害者は「意志」をもつ生活から決別させるを得なかったのである。

　3）地域生活を支えるための施策の不備

　精神病院への入院を基本とした精神保健福祉施策のもとでは，社会復帰施設や地域で暮すための支援施策が十分に整備されることはなかった。施策の中心は精神病院におかれ，精神病院には症状の改善・安定からリハビリテーションの実施，地域での生活拠点の確保，就労の準備や職場探しに至るまで多種多様な役割が期待されることとなった。その結果，長期にわたる入院生活によって症状の改善やリハビリテーションの推進が必要と考えられることとなり，精神障害者を地域での生活からますます遠ざけていくこととなった。

　地域での生活を体験することができない精神障害者の生活場面は，病院と自宅に限定されることとなった。こうした場での生活は受動的な生活習慣を固定し，能動的，主体的な生活習慣を作り上げることは困難であった。人はさまざまな生活場面で起こる出来事や人間関係に直面することによって，自ら考え，行動する機会を得ることができるものである。そうした体験を積み重ねることを通して，生活の主体者であることが実感され，主体性が形成されていくのである。しかし，精神障害者は，地域での社会生活の機会を得られない状況下で，諦めと挫折の体験を余儀なくされてきたのである。

（3）**主体性の回復をめざして**

　主体性を回復するための相談援助活動は，精神障害の特質や精神障害者が歩んできた生活経験，精神保健福祉施策の歴史や社会的障壁等の精神障害者がおかれている状況などについての理解を深め，全体的な視点から進めていかなけ

ればならない。

1) 信頼関係の構築

精神障害者は急性期(病状が増悪する時期)においては，自分を監視し非難，攻撃するような幻覚や妄想を体験し，孤立した世界での生活に追い込まれる。したがって，精神障害者にとってまず必要なのは安心できる世界であり，信頼できる人間関係である。精神医療が出会いの医療といわれる所以である。精神障害者は自分を理解し，守ってくれる相談相手を得ることによって，孤立感から解放され，精神的な安定を得ることができる。そうした背景のもとで，自分の状況を客観的に理解し，課題に取り組む姿勢が作られるのである。信頼関係は単なる知識や技術の量ではなく，精神障害者が体験してきたことへの理解と共感，さまざまな障壁を乗り越えて生きようとする可能性をもった存在であることを認識するところから生まれるものである。

2) 内在する能力の活用を図る援助

精神障害者は限られた期間であっても，学校や職場での活動や人間関係など，ある程度の社会生活を体験している場合が多いものである。そうした体験は，彼らが社会復帰をしていく場合の核にもなりうるものである。相談援助活動を進める場合には，そうした体験のもつ意義を踏まえ，精神障害者自身に内在する能力を活用できるように相談援助活動を進めていかなければならない。精神障害者とともに考え，彼らが行動できるよう励まし，支えるような援助関係が求められるのである。精神障害者に対する指導，指示といった縦関係の構造からは，精神障害者の主体性は形成されないのである。

3) ノーマライゼーションをめざした地域社会への働きかけ

相談援助活動の目的は，地域でふつうの暮らしが回復されることである。精神障害者の抱えている問題を個別的にとらえ，対応するだけでは，地域でふつうに暮らすことは実現されない。地域社会そのものが精神障害者を一人の市民として受け入れ，ともに生きる存在であることに気づかなければならない。リハビリテーションは障害者が社会に向かって努力することを意味するだけでは

ない。社会が障害者に向かって近づくことも意味するのである。精神障害者が流した汗や涙に応える社会が精神障害者の主体性を支えることになるのである。

3. 相談援助活動の方法

(1) 相談援助活動の内容

精神保健福祉士が行なう業務としては、精神障害者の社会復帰に関する相談に応じ、助言、指導、日常生活への適応のための訓練その他の援助を行なうこととされている(「精神保健福祉士法」)。精神保健福祉士に期待されている役割は、医療的な立場から精神障害に対する予防や治療ではなく、生活に焦点を当てた立場からの援助活動であることが理解される。つまり、精神障害者を病者としてではなく生活者としてみ、彼らが生活していく上で困難さを感じる問題について、必要な支援を行なう立場にあることを認識しておかなければならない。また、生活というものは、家族や地域社会との関係性の中で形成、維持されるものであることを理解し、援助活動が精神障害者個人に向けられるばかりでなく、彼らを取り巻く環境全体(家族、学校、職場、地域社会等)との関連性の中でとらえ、相談援助活動を進めていかなければならない。

(2) 相談援助活動の場面

精神障害者に対する相談援助活動の局面は、初発時における相談、受診や入院に関する相談、入院中の療養生活における相談、退院に向けての相談、地域での生活の開始や維持に関する相談に大別される。そうした局面での対応がなされるよう、各種機関や施設が設置され、活動している。

1) 医療施設における相談援助活動

精神障害の治療を担う医療機関としては、精神病院、総合病院等の精神科、精神科診療所等がある。精神病院が大きな比重を占めているものの、都市部においては、精神科診療所の増加は目覚ましいものがある。精神科デイケアや社会復帰施設の整備等によって入院中心の精神科医療のあり方に大きな変化が生

じている。

　医療機関での相談援助活動としては，① 治療に関する援助，② 入院中の療養生活に関する援助，③ 退院に向けての援助等に大別される。

① 　治療に関する援助

　精神科受診には，精神障害者のみならず家族にとっても大きな決意がいるものである。精神科受診は単に服薬等の治療をうけることではなく，前述してきたように精神障害に付随するさまざまな重荷を背負うことを意味するからである。したがって，そこでは通院や入院による治療の拒否が生じたり，服薬拒否がみられることがある。

　こうした局面における相談援助は，まず，受診者（精神障害者）の訴えや不安に耳を傾けることが必要である。そして，その解消を図るとともに治療の必要性や内容等について，理解しやすい言葉で伝える必要がある。興奮等の症状の激しい場合であっても，こうした作業を欠かしてはならない。こうした作業を行なうことは，以後の信頼関係を築く基になるものである。また，家族には治療費や治療の内容，入院手続きや入院中の生活，面会等の疑問について適切な情報を伝え，不安や疑問を解消する援助が必要である。

② 　入院中の療養生活に関する援助

　入院時の状態が落ち着くと，自分が閉鎖的な空間にいることに対する不安や反発がみられる場合がある。そうした場合には，精神障害者が訴える不安に耳を傾けるとともに入院が必要になった経緯等について十分な説明をしなければならない。また，家族をはじめ外部の人との連絡を密にとることを心がけ，精神障害者が孤立無援の事態でないことが実感されるよう援助しなければならない。さらに，精神科医療において特に留意すべき事項は，身体拘束等によって人権が侵害されるような状況下に置かれているか否かの確認である。精神障害者が安心して治療がうけられ，生きようとする元気が回復される医療環境を整えなければならない。

③　退院に向けての援助

　退院後の生活の場として家族等との同居が可能な場合ばかりでなく，施設入所や住まいの確保が必要な場合がある。また，退院後の生活の仕方や緊急時の相談場所についての不安が解消され，地域生活が安心しておくれるように援助しなければならない。

　退院後に向けた援助活動は，医療機関内のスタッフで担うだけでなく，当事者を交えながら，保健所や福祉事務所，社会復帰施設職員等との連携のもとで，必要な支援体制を整えながら進めていくことが重要である。また，時には社会復帰施設等の体験利用を試みるなどの工夫も必要である。

2）　社会復帰施設等における相談援助活動

　社会復帰施設には，生活の場の提供を目的としている施設と活動の場の提供を目的としている施設に大別される。前者には生活訓練施設や福祉ホーム，後者には授産施設や福祉工場，地域生活支援センターがある。また，法的には社会復帰施設としては規定されていないものの，グループホームや小規模（共同）作業所が数多く整備されている。

　社会復帰施設における相談援助活動には，各施設が目的とするところでの援助活動とともに，①地域での生活に向けての援助，②通院や服薬等治療の継続に対する援助等がある。

①　地域での生活に向けての援助

　社会復帰施設の本来の目的は，地域での生活を行なうための中間施設としての性格をもつものである。施設内での援助活動だけではなく，地域での生活が可能となるように住居や職場の確保，各種の給付制度利用などの援助活動を行なうことが必要である。援助活動を行なう際には，情報を理解しやすい方法で伝え，精神障害者自身が納得した選択や決定が行なわれるよう援助しなければならない。

②　通院や服薬等治療の継続に関する援助

　社会復帰施設を利用している人たちは，服薬等の疾病管理については基本的

には自己管理できているものと思われる。しかし，状態が悪くなった時や就労等の都合によって，時に医療の中断が生じてしまうことがある。疾病と障害が共存する精神障害者にとっては，医療の継続は重要であり，必要な時に適切な助言がなされる必要がある。

社会復帰施設の整備によって，精神障害者の福祉的サービスの選択肢は多様化し，社会復帰は大きく進みつつある。しかし，社会復帰施設整備は医療法人が中心となっており，医療機関の付属施設として機能している状況がみられる。そのため，精神病院への入院と社会復帰施設への入所が繰り返される等の問題点がみられる。社会復帰施設が地域生活へのステップとして機能していくためには，医療機関だけでなく，地域の関係者との連携を密にした援助活動や施設運営を心がけていかなければならない。

3) 地域社会における相談援助活動

地域における相談窓口としては保健所が位置づけられてきたが，平成14年度以降は，福祉サービスは市町村を窓口として実施される予定になっている。しかし，市町村においては，精神保健福祉サービスに関するノウハウやそのための人材を有している状況になく，また，そうしたサービスを地域生活支援センターに委託できることとされており，地域生活支援センターがその役割を担っていくものと思われる。

保健所で行なわれてきた相談援助活動は，①受診の必要性や医療機関の選択についての援助，②社会復帰に関する援助，③地域生活への援助等が主なものであり，精神保健福祉相談員等によって実施されている。

① 受診の必要性や医療機関の選択についての援助

保健所へもち込まれる相談は，必ずしも精神障害から生じている問題だけではない。また，精神障害に関する問題であっても，相談者が訴える内容が事実とも限らない。相談者の一方的な話しで判断し，予断をもって援助活動を進めることがないよう留意しなければならない。予断に基づく対応は，本人（精神障害者等）との信頼関係が形成されないだけでなく，病気でない人を病者とし

て扱ってしまうなど，時に人権を侵害する事態も生じる。相談援助活動の基本は，必ず本人に会って話しを聞き，相談内容が事実かどうかの確認がなされなければならない。

② 社会復帰に関する援助

社会復帰相談の内容としては，住まいや仕事，生活費，在宅生活への援助，社会復帰施設の利用に関する相談等がある。また，精神障害者や家族からだけでなく，医療機関や福祉事務所から相談がもち込まれることもある。精神障害者との話し合いを基に，その生活能力や生活歴を十分に考慮した無理のない援助計画を提示し，進めていくことが必要である。

③ 地域生活への援助

行政機関においては，時には地域住民から精神障害者に関する相談がもち込まれることがある。地域住民からの相談には，精神障害者との具体的なトラブルが生じている場合だけでなく，精神障害者であることを理由に，その言動に不安を感じるといった偏見に基づく場合がある。時に，地域住民と精神障害者の権利がぶつかり合う局面に遭遇することも稀ではない。

援助活動に際しては，一方の話しを聞くだけでなく，双方から話しを聞き，客観的な状況把握を行なうことが必要である。また，時には双方に対し，話し合いの場をもつといった方法を呈示することも必要となる。そして，精神障害者の立場を擁護する原則に立ちながら，地域住民の理解が得られるような援助活動を展開することが期待される。また，地域に，精神障害者からの相談に応じてくれる支援者（キーパーソン）を確保することも重要である。

（3） 相談援助活動の最近の動向—セルフヘルプ・グループ

近年，社会福祉実践のあり方が変革されつつある。政策上においては1998年の「社会福祉基礎構造改革」の中間報告の方向性をみると，措置制度の中でサービス利用者を保護することによって権限を行使してきた行政から，国民一人ひとりの成熟を促し，自己決定・自己責任による小さな政府をめざす行政になっている。また，2000年に始まった介護保険制度にも社会サービスの利用

者主体をあげ，法第一条には自立支援，第二条には利用者の選択権が謳われている。これらは必然的に社会福祉実践のあり方に変革をもたらしている。

　こうした政策上に用いられる利用者主体とは若干，意味が異なるものの，ソーシャルワークの領域においても利用者本位の本来的な援助のあり方が問われるようになってきた。つまり，非力なサービス利用者が自己を語り，社会に要求する声をあげ，人や社会がその声に耳を傾けることによって利用者自身に内在するエネルギーを自分自身で開発し，活性化してエンパワメントするように援助することが利用者本位の援助である，と見直されるようになってきた。つまり，精神障害者の援助の領域でも専門職者が実施する従来の精神保健医療にとってかわる援助が注目されているのである。それらのアプローチには生活技能訓練（SST）や仲間同士のピアカウンセリングなどがあるが，ここでは患者同士が集まってグループを形成し，情報を交換し，思いを語って分かり合い，支えあうことによって病気とうまく付き合い，生活する方法を身につけようとするセルフヘルプ・グループによる回復についてその一端をのべよう。

1）セルフヘルプ・グループとは何か

　セルフヘルプには「私は自分でできる」という自分自身の自立のメッセージと「しかし，私は一人ではできない。だから協働しよう」という相互援助のメッセージが含まれ，すべての基本になっている。そしてこの自立と相互援助の2点が展開される場がセルフヘルプ・グループである。精神障害という生きづらさを抱える人が出会い，体験を共有して自分自身で課題に対処できるようになる場であり，相互に援助しあうために組織され，運営されている自立性と継続性を有する組織体である。

2）援助機能としての特徴：自己の内奥の変革

① 仲間と出会う

　治療法も定まらず，時には社会から偏見や差別をうけ，厳しく疎外されている精神障害者にとって，同じような体験をしている者同士の出会いほど，心強いものはない。ありのままの自分がうけ入れられ，苦悩するのは自分ひとりで

はなかった，と孤立から解放される。そこにいるだけで丸ごと分かり合えるのである。そこに安心と信頼が生まれる。さらには自分の苦悩や思いを語ることができる喜びは，生きる希望や勇気をもたらす。

② 親睦活動

メンバー同士の親睦活動を通して楽しい経験をし，息抜きになる。厳しく社会生活を制限されがちな精神障害者にとって，自分たちで買い物をする，料理をする，ハイキングに行く，といった生活体験自体が生きがいの一つともなり，社会参加へのステップとなる。

③ 相談活動

ピア・カウンセリングを含む精神障害者同士の相談活動は，自分自身の問題克服や失敗の体験をベースに同じ生活課題をもつ者の立場から相談援助活動を展開する。その結果，その問題の軽減に役立つだけでなく，自らも被援助者の立場から，援助を与える立場になることにより，自らの問題に対処する能力を一層，高めることになる。仲間の同じような体験に基づく知識によって，援助を与えられるのである。たとえば，精神病院の退院患者は施設病という課題をもちながらも，生活する場の確保や身の回りの事柄について自分自身で対処していかねばならない。そうした課題への取り組みもまた，仲間同士ならこそ分かり合える大変さもあるから，体験した古参の仲間の話しを聞くことが大きな支えとなる。これについては，F. リースマンが援助者治療原則と称して援助者にまつわる次のような強みを説いている。a) 援助者の依存性を取り払い，自立に向かう積極的な役割を採る，b) 同じような問題をもつ他者と関わることによって，自分の問題を距離をもって観るようになる，また，c) 自分の体験が役に立ったという喜びは古参の仲間にも自己の有能感を強化し，自信を回復することにもなる。

3） 援助機能としての特徴：社会変革

社会変革を達成する方法は主としてセルフ・アドボカシーである。これには次のアドボカシーがある。

① 専門職主義への異議申し立て

医療専門職による治療が尊重される社会に対して，精神障害者のもつ体験的知識の重用を主張する。治療と称して薬によって意識レベルを低下させ，自信や自己への信頼を失わされてきたことへの異議申し立てである。

② 効率優先の価値観への挑戦

生産効率や社会への貢献度によって人間の価値を評価する考え方を批判し，個々人の人格や生き方を人としてあるがままを尊重しようとする考え方をさす。犯罪でもない，不道徳でもない，それでいて多数者の行為とはわずかに反れる精神障害者を排除しようとする風潮への挑戦である。

③ 社会サービスや制度の創出

精神保健法の制定，精神障害者の権利擁護のための医療機関の改善，作業所や自由にくつろげるたまり場の創設などを訴えている。

以上のような機能を有するセルフヘルプ・グループは今，急速に広まりをみせ，歴史をもつ精神障害者の家族会に加えて，障害当事者は活発に活動している。地域ごとに小さなグループを創り，それらが市町村・都道府県でゆるやかに連携し，全国組織が形成される。さらには国ごとのそうした全国組織が世界で連携し，世界の精神障害者が大同団結して社会に訴えていこうとしているのが現状である。

参考文献

厚生省監修『平成12年版　障害者福祉六法』中央法規出版　2000年
総理府編『平成7年版　障害者白書―バリアフリー社会をめざして―』大蔵省印刷局　1995年
上田敏『リハビリテーションを考える』青木書店　1983年
加藤正明編『精神保健と家族問題―精神保健実践講座⑥』中央法規出版　1989年
岡村正幸・川田誉音編『個別援助の方法論―ケースワークを超えて』みらい　1998年
「大阪府精神障害者生活ニーズ調査報告書」平成10年3月（http://www/iph.pref.osaka.jp/kokoro）

精神保健福祉研究会監修『我が国の精神保健福祉（平成12年度版）』厚健出版　2000年

WHO・ICIDH日本協力センター「国際障害分類第2版　機能障害，活動，参加の国際分類―障害と機能（働き）の諸次元に関するマニュアル」国際障害分類に関する情報（http://www.dinf.ne.jp）

厚生省大臣官房障害保健福祉部精神保健福祉課監修『精神保健福祉士法詳解』ぎょうせい　1998年

中田智恵海『セルフヘルプグループ―自己再生の援助形態』八千代出版　2000年

久保紘彰・石川到覚編著『セルフヘルプグループの理論と展開』中央法規出版　1998年

第8章
相談援助活動の事例研究

1. 個別援助技術(ケースワーク)の実践と展開

(1) 事例提示の目的

　全国の精神病院には,社会の受皿さえ整えば退院可能な,いわゆる社会的入院者は全入院者の3割ぐらいいるといわれる。その彼らが精神病院から地域へ戻る時,精神保健福祉士(以下,PSW)として何らかの社会復帰援助が必要となる。ここでPSWとしてその力量を問われることの多いのが,直接個別援助のケースワークである。

　精神障害者(以下,当事者)は,病気・障害,さらには社会の偏見・無理解等からの生活のしづらさをもつ。また長期入院の結果ホスピタリズムによって,社会復帰がより困難なものになったりする。社会福祉学を学問的基盤におくPSWは,生活の視点で当事者や社会的背景を専門的にとらえる。さらに体系的な援助技術を使うことにより,社会復帰援助を展開することが可能になるのである。

　本事例では,ケースワークを通して社会復帰が可能となり,さらに自立・社会参加をめざして生活している当事者を紹介することにより,個別援助のあり方を考察する。

(2) 事例の概要

　E氏・32歳・男性・診断名は精神分裂病。高校卒業直後,不安・焦燥感等が活発になり精神病院へ入院となる。以後,9年の間に5回の入院歴はあるが,仕事も細々と続けている。家族状況は,両親(本人が25歳時に離婚)・2人の姉がいるが2人はすでに独立している。27歳時,PSWとEさんでアパートを4ヶ月間かけて探し,単身アパート生活を始め丸4年の月日が経つ。

精神分裂病から起因する機能障害・能力障害による，状況判断・対処能力等の低下から独り暮らしが苦況に立たされることも度々あるが，穏やかな性格のため周囲から親しまれやすく，友人・知人が増え，その人たちに支えられている部分が大きい。病気・障害の受容をはじめ，自分自身と内なる葛藤を常にしているEさんである。PSWの関わりは，社会復帰援助に始まり，自立・社会参加を目指した生活支援へと続いている。

（3） 個別援助の経過

1） アセスメント

27歳時，病院へ外来受診にきたEさんは，顔が硬直しており，不安感からか落ち着きがない印象であった。工場に住み込み労働をし，3交替勤務をしていたが，過度な緊張感が日々増大し，仕事ができなくなったとのこと。主治医は一時的に入院の必要性を認めた。しかし一方で，入院の長期化・社会的入院となってしまうことを回避する意味で，入院当初からPSWが関わることになる。

外来診察では，Eさんの緊張が強く，PSWが自己紹介すると小刻みに何度かうなずくばかりで，話が聞けていない様子であった。そのため，入院3日目，病棟のホールでテレビをみているEさんに声をかけ，雑談をした後本題に入った。今後の希望を聞いてみると，「仕事は無理です，夜も全然眠れないし…。住むところがなくなったので，できればアパートで独り暮らしを始めたいんです」と。話をしながらも，常にPSWの表情が気になるらしく，時折つくり笑顔を浮かべる等不安は隠しきれない。その後3回程会い，雑談をしながら本人の思いを確認し，これまでの生活歴を聞いた。

それらを通して，PSWは以下のように評価した。病気・障害等から対人関係の苦手さを感じるとともに脆弱性が高く，就労は当面無理であり，職場の寮に戻ることは困難であること。Eさんはアパートへの退院を希望しているが，一定のサポートがないと独り暮らしは困難である。また経済的基盤がなく，さらにもっとも大切ともいえる，地域生活への動機付けが弱いことから，まずは

今後の地域での生活のイメージづくりが当面の課題と考えた。

2) プランの作成および実施

まず動機付けが先決であると考えた。そのため，1週間に1回程度駅前まで外出してもらい，地域生活の楽しみをみつけてもらおうと試みた。また単身生活をしている当事者が外来通院した時にEさんと話をしてもらい，地域での独り暮らしのイメージをつかんでもらうことにした。次に経済的基盤であるが，20歳未満で精神科の受診をしているため，無拠出の障害基礎年金を遡及請求できることをEさんに話すと，自ら希望した。そのため早速裁定請求をした。

3ヶ月の月日が経過し，表情の硬さもかなり軽減された頃，障害基礎年金の支給決定通知書が届いた。遡及が認められたため，約300万円がEさんの預金口座に振り込まれたのである。そこで具体的にアパート探しを開始した。表情の硬さが軽減したとはいうものの，医療とのパイプを今の段階では密接に保っておく必要性があった。そのため本人が病院まで公共交通機関1本でこれることと，PSWが訪問に車で10分程で行ける物件を探した。また，障害基礎年金の遡及額の残高がなくなった時点で生活保護申請を考えたため，生活保護を受給しても住宅扶助の限度内でいける物件を探した。ただ，精神病院に入院中であること，仕事をしていないということだけで，具体的な話しすら聞いてくれない不動産屋も何件かあった。それでもアパート探しから4ヶ月経過した頃，ほぼ条件を満たす物件がみつかり，契約をした。

次に退院後の昼間の居場所を考えた。病院のデイケア，小規模作業所（以下，作業所），保健所のデイケア等を見学してみたが，しっくりこなかったようである。病気の再発の心配もあったが，本人の主体性を大事にし，診察に1週間に1回来てもらうことと，病院の訪問看護を10日に1回程度実施することのみ同意してもらい，当面生活を見守ることにした。そのような中，退院しアパート生活が開始した。PSWの心配をよそに，室内は常に整然とし，「毎週本屋に行って，帰りに缶ジュースを飲むことが楽しみです」と笑顔で話して

くれた。

3）危機介入と今後の生活

PSW が、E さんの生活に安心感をもち始めた矢先、「お金がないんです」と訪問時に話すのである。どうも昔の職場の同僚がどこからか彼の住所を聞き、お金を借りて帰ったとのことである。E さんは、お金を貸しても戻ってこないという不安が強かったが、結局は言葉巧みに押し切られたようである。

機能障害・能力障害から、対人交渉・拒否能力が低く、断れなかったのであろう。E さんは、大事なお金を貸してしまったということで、かなり落ち込んでいたが、PSW はすぐに介入せず本人の主体性を尊重した。ただ、ストレスがかなり大きかったこともあり、PSW が側におり、本人が元同僚に電話をした。お金を返してほしいので現金書留で郵送してもらいたいこと、二度とアパートに来てほしくないことを伝えた。PSW は E さんが主体的に問題を解決しようとしていることを称賛するとともに、自分で抱えきれない問題が発生した時には遠慮なく連絡してほしいことを伝えると、安心したようである。また PSW は、お金が当初の予定より若干早くなくなったものの、当初の計画通り生活保護の申請援助をし、受理された。

その後 E さんは、「話相手がほしい」と自ら希望し週に 2 回程度作業所を利用し、病院への通院は 2 週間に 1 回にしてもらうよう主治医に希望し、了解をしてもらう。独り暮らしが始まって約 4 年、最近では不安なことが起こっても作業所に通所する当事者同士（セルフヘルプ機能）で解決することも多い。さらに、PSW をはじめとする人的社会資源を上手に活用することで、地域生活にも少し自信がでてきたようである。

（4）考　察

当事者の社会復帰援助を試みる時、いくつかの着目点がある。まずその前提となるのが動機づけである。E さんの場合、後に危機的場面が訪れるが動機づけが脆弱であれば、その時点で地域生活を終了していたかもしれない。

当事者が地域生活をしていくには 3 つの要素が必要と考える。以下、E さん

のケースを通してみてみることにする。一つ目は経済的基盤である。障害基礎年金・生活保護の利用が挙げられる。2つ目は居場所である。ここでは特に昼間の居場所をさし，作業所というフォーマルな居場所と，本屋・公園・友人宅等というインフォーマルな居場所を上手く活用できているようである。3つ目が地域生活支援体制である。種々の相談援助に直接携わるPSWはもちろんのこと，訪問看護婦・主治医等が挙げられる。また実際，本人を力強く支えている身近な支援者として，同じ作業所に通所する当事者の存在が大きい。この関係性の特徴は，彼が一方的に支えられているばかりではない。彼の方からも相手を支える（必ずしも意識的にしているわけではないが）いわゆるピア・カウンセリング的な機能が働いているのである。

　ケースワークは，これらの点を整理した上で，彼らのニーズ把握をし，個別化した自己実現を追求することにある。その時，PSWが社会福祉の専門職として求められるのが，病気・障害という2つの側面をもっている彼らを生活モデルでとらえる視点であろう。

2. 集団援助技術（グループワーク）の実践と展開

(1) 事例提示の目的

　当事者支援の基本はケースワークであると考える。しかし，必ずしもケースワークで十分な相談援助ができるとは限らない。社会的入院を余儀なくされた者の社会復帰援助を例にとっても同様のことがいえる。筆者の経験でも今から10年前の1991年当時は，社会資源が乏しく（援護寮，福祉ホームは法定化されていたものの絶対数が少なかった），社会的入院をしている当事者は，意を決して単身アパート生活を選択する以外ほとんど社会復帰の道はなかった。

　ところが近年，グループホーム（以下，GH）の台頭により状況がかわった。「1人では不安だけど，数人いると安心して地域生活ができる」「病院から地域へ出るきっかけになる」等と。GHという集団生活の場を活用することにより，当事者の新たな生活の道が生まれたといってもいいのではないだろうか。

本事例では，当事者がGHで集団生活している姿を紹介する。そのことを通し，PSWの集団援助のあり方を考察する。

（2） 事例の概要

K氏・51歳・男性・診断名は精神分裂病。中学卒業後，土木作業員をしていたが，25歳時，職場の同僚に対する被害妄想が活発となる。以後，職場復帰することなく，26年間精神病院の入退院を繰り返す。家族状況は，母と姉が健在であるが，実質的に関わっているのは母のみである。ここ5年程は，かなり安定していることもあり，単身生活を目標にした前段階として，49歳時からGHに入居する。GHは男性が5名入居しているが，元来几帳面なKさんは他の入居者の行動が気になることが多いようである。また昼間は，デイケアに週に4回通っている。

（3） 集団援助の経過

1） 集団生活の1日の流れおよびグループホームの特徴

GH入居者は5名で各々個室で生活する。ただし，食事・洗濯・トイレ・入浴等生活の大部分が共同である。

またGHには世話人がおり，日常生活の相談にのる他，掃除・洗濯等の日々の生活について，側面的援助をしながら見守る。食事は，夕食のみ世話人が中心になって作る。ただ，買物・メニュー決め・後片付け等については入居者と世話人が一緒に行なう。また共同部分（台所・居間・風呂）の掃除等については，当番を入居者間で役割分担しながら実施する。さらに特徴を挙げるとすれば，通過型GHということである。つまり入居期限を設けており，次の生活の場（単身アパート生活等）の中間施設として位置付けているのである。

2） トラブルの発生

グループホームに入居中の5名は，ほぼ同時期に入居しており，年齢は43〜60歳で，診断名は全員が精神分裂病である。その中に，RさんというKさんとほぼ同年齢の入居者がいる。彼は病気・障害による，意志・意欲の機能障害，記憶等の認知・心理的機能の障害がある。そのためか，日々の当番をで

きないことが多々ある。

　そのような中，Kさんは徐々にRさんに陰性感情を抱き始めた。当番ができないRさんのことが許せないのである。そんな矢先，Rさんが買物，さらに風呂掃除当番をしなかったのである。Kさんは，今までの不満も含めRさんに対し，かなり強い口調で注意をした。するとRさんも，Kさんのいい方に腹を立て一喝した後，「わかっているけどできない，どうしたらいいのか」とふさぎこんでしまったのである。その場に世話人がおり，とりあえずその場は仲裁した。

3) アセスメント

　後日このことを世話人から聞き，PSWは以下のようなアセスメントをした。Rさんは，障害から当番を忘れてしまったり，つい逃げてしまうこともありえる。しかし，だからといってやらなくてもいいというものではない。どのようにして当番を実施できるようにするか，またはできなかった場合，いかに対応するかという生活技能を身につけていくことが大事だと考えた。一方Kさんには，共同生活はお互い様の部分があるので，周囲の劣っている部分をどう許すか，どううけとめていくかが大事であること。また，その他の3名の入居者も，Rさん・Kさんのような立場になることもありえる。自分の立場におきかえ，この問題をとらえてもらおうと考えたのである。お互いが我慢することで問題を回避したら，問題がさらに複雑化し，居心地の悪い集団生活になる。入居者各々が，より自然体で暮らせる方法を探るため，入居者5名，世話人，PSWの7名で一緒に問題解決に取り組むことが必要と考えたのである。

4) プランの作成および実施

　PSWは，今回の問題を前面に出しすぎると，Rさんのことを全員で糾弾するようになってしまい，ますますRさん自身，自信をなくし窮屈な生活になってしまう。そのため，今後のグループホームの行事予定等を伝えたいので，全員に集まってほしいとよび掛けた。PSWは全員が集まった場で，グループワーカーとして冗談をまじえながらレクリエーションの話等をし，ウォーミン

グアップをした後，本題に入った。「最近楽しいこと，困ったこと，泣きたいこと……，何かありませんか」。するとKさんが，おもむろに話し始めた。「Rさんがね，当番をしないんで困っています……」。Rさんは，「やっているよ，でもきちんとできないが」と発言したが，さらにKさんに反論され，うつむいてしまった。PSWは，Kさん・Rさんの発言を一旦うけとめた後，最年少でムードメーカー的なAさんに「当番があるのがいけないのかな」と話をむけた。PSWの予測通り，少し話が脱線し，場の雰囲気がやや和んだところで，今度は「Aさんは当番は苦痛ではないですか」と答えやすい形で再度質問をした。Aさんは「いやそんなことないですよ」と答えた。残りの2名の入居者にも，「Aさんはこう言ってますけど○○さんはどうですか」と水をむけると，各々が自分の思いを話した。おおむね，しんどいこともあるが，当番は必要という意見を全員から聞くことができた。

Kさんは，当番のことから，次第にRさんそのものに対する陰性感情が主になっていたようだ。しかしPSWは，あえて当番そのものを論点にして，全員で話し合うことを求めた。また，その場に全入居者が信頼している世話人が参加しており，穏やかに時折うなずく姿も安心感につながったようである。しばらく当番の是非について話し合った後，PSWは次の論点に話を移行させた。グループホームを何のために利用しているかということについてである。「アパートで生活を始めるために」「自信をつけようと思って」「病院から退院するきっかけに」等さまざまな意見が5名から聞くことができた。

PSWは，全員の表情が少し和らいだのをみて，以下のプランを提示した。個々の入居者は，価値観の違い・障害等からみんな同じことを一律にできないこともある。その結果，それをお互いが指摘しあうと，トラブルになってしまう。だから直接注意するのではなく，世話人，またはPSWを介するという方法があるので大いに利用してもらいたいと話す。

（4）考 察

今回のグループワークで心がけたことは，問題を全員で共有化し，けっして

個人を糾弾する場にしないことである。元々5名の入居者にとってGHは，自立へ向けた場であったことを再確認したかった。Kさん自身，Rさんのことが気になり始めてから視野がせまくなり，他者との関係に過敏になってしまった。一方Rさんも，Kさんから責められているという被害意識が先行し，問題に取り組もうとしなかったのである。

トラブルは，PSWをはじめ第三者からみたら客観的な解決の方向性をみいだしやすい。しかし，PSWの頭の中で解決策を考え，提示したのでは意味がない。問題解決へ向けた援助の過程そのものと，全員で共有化して考えることが重要なのである。

PSWはGHに時折入り，集団が故の安心感・小社会の形成をはじめいろいろな集団の特性を生かそうとする。Kさんという個人を，PSWとの1対1の関係だけで援助（ケースワーク）するのではなく，PSW1に対して，数人の中の1人としてKさんを援助（グループワーク）することも，また大切な援助技術である。これらの援助技術をうまくからめ，最終的には個別化して当事者をとらえるところにソーシャルワークの専門性がある。

3. 地域援助技術（コミュニティワーク）

（1）事例提示の目的

「特定非営利活動法人居場所」（以下，NPO法人居場所）は，当事者をはじめ誰もが住みやすい街づくりを目的として誕生した。1997年，筆者（PSW）をはじめ，明石市および近隣の精神保健福祉に携わる者が，当事者の地域における居場所づくりをめざして当会の前身である「明石に障害者の居場所を作ろう会」（以下，作ろう会）という市民団体を結成したのが始まりである。

当事者支援（ケースワーク）をする時，時折「こんな社会資源があったら○○さんは社会復帰できるのに」と地域社会の現状を嘆くことがある。しかし，よく考えるとPSWが援助技術として実践する方法は，ケースワーク・グループワークという直接援助技術のみではない。間接援助技術も重要なソーシャル

ワーク実践である。とりわけ，地域づくりと称されるコミュニティワーク（コミュニティオーガニゼーションともいわれる。以下，CO）は，間接援助技術の基本といっても過言ではない。

この事例は，筆者がCOを使って現在も継続して関わっている，地域における市民活動の実践である。事例を通して，COのあり方をはじめ間接援助について考察する。

（2） 既存の社会資源と地域特性

1997年，その時点で明石市における地域の社会資源は，人口29万人に対して作業所が2ヵ所であった。それ以外で，昼間利用できる社会資源は，保健所が週に1回開催しているデイケアのみだった。ところが，明石市および近隣には精神病院が3ヵ所，精神科診療所が4ヵ所存在する。

明石市は兵庫県内の中都市で，歴史深く，古くからの街並が残っており，比較的既存の風習，文化を重んじている地域である。ところが，阪神大震災が1995年に起こり，「人生観がかわった」という言葉がこの地域でよく聞かれるようになり，社会福祉に関心をもつ者が徐々に増え始めている。

（3） 地域援助の経過

1） アセスメント

当事者が地域生活する中で，彼らを中心的に支えてきた社会資源が作業所である。その作業所には大きく2つの機能があり，一つ目が就労へのステップの場で，2つ目が居場所的機能である。個々の作業所によって両者の比重のおき方は異なるが，筆者の経験で言えば，後者に高い比重をおく作業所が多いようである。自分自身の居場所が地域で保証されていることにより，地域生活が可能になり，生活に潤いが出てくるのである。

筆者は，これまでPSWとしてケースワークを中心とした当事者支援の中で，地域社会に居場所を作る必要性を何度となく痛感した。このことは，他の支援者・当事者・家族等からも直接的，間接的に数多く聞いている。地域に居場所があれば，社会復帰・自立が可能な当事者が随分増えるのではないかと考

2) プランの作成および実施

このようなニーズ把握をしていた矢先，思ってもみない話が舞い込んできた。以前から筆者と懇意（社会的入院者のアパート退院等で）にしていた不動産屋が，「ビルのテナントが長いこと空いてて困ってるんですが，借りてくれませんか」ということだった。早速みせてもらうと，室内がきれいで，しかも窓が広く大変明るいのである。

筆者はCOに基づきプランを考えた。明石市および近隣の精神保健福祉に携わる者にすべて声をかけた。上記のアセスメントのもと，「明石に精神障害者の居場所づくりをしませんか」と。具体的には，保健所・精神病院・診療所・福祉事務所・社会福祉協議会等の，保健・医療・福祉の直接サービスを実施する機関。ニーズ把握，サービス提供を今後していく上で絶対的に必要となる当事者・地域家族会の会員。また，地域住民・ボランティア・宗教関係者・職員組合・大学の教員・市会議員等，この趣旨に賛同してもらえそうな機関・個人に対しても積極的によび掛けた。ポイントは各々が所属機関の一員である前に，一住民としての意識で市民団体に参画してほしい旨を伝えたことである。

3) 第1回目の会議

そのような中，第1回目の会議をもった。まずは自己紹介を全員にしてもらった。約20名の参加者は，各々の自己紹介を聞き，全員が当事者に何らかの支援をしたいという気持ちをもっていることが伝わったようである。議長は地域家族会の会長にお願いをし，現状説明と本日の集まりの趣旨を説明してもらった。各々の参加者は，居場所の必要性というアセスメントに対しては異議はないようだが，だから何をすればよいかということがみえにくいようだった。その様子をみて筆者は，思い切って具体的な話をした上で，今後のプランを提示した。「よいテナントがあり，補助金さえ認められれば作業所として十分機能する」「今までは家族会，病院というひとつの機関が実質的に作業所を運営してきたが，種々のニーズに答えていくにはさまざまな立場，機関が運営に共

同で関わることにより当事者の実態に合うサービスが生まれる」「まずは市民団体を立ち上げ、最初の事業を作業所とし、今後事業内容を拡大していき、精神障害から身体障害、知的障害、さらには高齢者問題まで視野にいれ、誰もが住みやすい街に」と。議長は、参加者が総論賛成であることが十分伝わってきたため、より話を一般化させようと各々に感想および意見を求めた。行政機関の職員からは、補助金についての補足説明があった。A精神病院の事務長からは、これだけの関係者が集まって当事者支援を一緒にすることは貴重なことであるという意見が出された。この結果、今後も継続して集まりをもつことが確認され、さらにテナントが正式に借りられるまでの間、事務局を筆者の病院のソーシャルワーカー室に置くことになった。

4) 組織化およびソーシャル・アドミニストレーション

その後、会議が2回程実施され、当面の活動資金を家族会・病院・診療所、さらには民間基金から借りること等が確認され、テナントを正式契約した。会の目的・方向性は確認されたものの、組織運営を進めるにはわかりやすい組織化、さらには運営管理が必要となる。確認事項としては、作ろう会が母体になって運営しているのが作業所であるということ。そして作ろう会の会員から互選で理事を選出し、理事会が裁量権をもって作業所職員の雇用管理・労務管理等を行なっていくことになった。また作業所運営そのものについては、運営委員会を別途設け定期的に開催していくことになる。1997年、居場所を重視した作業所として「夢工房大久保」が開所する。開所式には地域自治会会員・民生委員をはじめ、近隣の住民も多く参加してもらえた。さらに2000年夏には「喫茶やすらぎ」を開店し、近日中に配食サービスも始める予定である。また、今後の組織の基盤強化・透明性をねらいとして、2000年11月にNPO法人格を取得した。法人化以降、当事者も数名会員となり、利用者という立場から組織運営に関わっている。さらに2001年より、年に4回の機関誌を定期発行し、会の透明性・会員の開拓につとめている。

(4) 考 察

　地域特性に基づき，新しい組織を作る過程では労苦を要することが多い。また，それ以上に変化するニーズを敏感にとらえながら，組織を発展的に維持していくことも重要である。COは，計画性に基づいて，あくまでも住民参加の原則で実践しなければならない。また組織化をより効率的に行なうには，ソーシャル・アドミニストレーションの援助技術を併用しながら実施することも有効である。

　NPO法人居場所は今日に至るまで，多くの支援者に支えられてきた。それらの支援者は，医療機関・行政機関等のフォーマルな人的社会資源と，地域住民・ボランティア等のインフォーマルな人的社会資源に大きく二分される。これらの地域に存在する諸資源が有機的に結合した時，多面的な課題にまで対応可能という，ソーシャルサポート・ネットワークの視点がこれからますます求められる。

　PSWは，COはあくまでもソーシャルワークの中の一つの援助技術として，ケースワーク，グループワーク等と結びつけ，活用する考え方をもつべきである。COに終了はなく，時折モニタリングをしながら新たな問題を顕在化させ，再度アセスメントし，具体的なプランを立て実施する。COはこれらの流れを組織化した構成員，さらには新しい人的社会資源と共同しながら，援助していく過程そのものを目的とすることが重要であろう。

参考文献

牧野田恵美子他編『精神保健福祉援助技術各論』へるす出版　1998年
石川到覚他編『精神保健福祉援助演習』へるす出版　1998年
青木聖久「精神保険福祉士の専門性と今後の課題―病院の立場から―」『精神保健福祉』通巻第40号　へるす出版　1999年　pp.17〜20
青木聖久「地域で生活している精神障害者の自己実現を支えるケア技術」『精神科看護』中央法規出版　2000年　pp.61〜64

第9章
精神保健福祉法，精神保健福祉士法等，精神障害者に関する法律

1. 精神保健福祉法の意義と内容

　精神障害者に対する医療および福祉の歴史的変遷は第6章でのべたとおりである。1987（昭和62）年制定の人権擁護と社会復帰を柱とする「精神保健法」，1993（平成5）年の「障害者福祉法」や1994（平成6）年の「地域保健法」の制定をふまえ，1995（平成7）年には，精神障害者の社会復帰等保健福祉施策の充実・より良い精神医療の確保などを柱とした「精神保健福祉法」が施行された。さらに施行後の精神保健福祉の状況の変化に対応するため，5年後の見直し規定により，1999（平成11）年精神保健福祉法が改正された。
　以下，改正の概要と内容について述べる。

（1） 精神保健福祉法の1999年改正の概要
① 精神障害者の人権に配慮した医療の確保に関して
　　i 精神医療審査会の機能強化
　　ii 精神保健指定医の役割等の強化
　　iii 医療保健入院の要件の明確化
　　iv 精神病院における指導監督の強化
② 緊急に入院が必要となる精神障害者の移送に関する事項
③ 保護者に関する義務を軽減する規定
④ 精神障害者の保健福祉の充実に関する事項
　　i 精神保健福祉センターの機能を拡充
　　ii 社会復帰施設に精神障害者地域生活支援センターを追加
　　iii 在宅福祉事業に，精神障害者地域生活援助事業（グループホーム）に

加え，居宅介護等事業（ホームヘルプサービス），短期入院事業（ショートステイ）を追加。

iv 福祉サービスの利用に関する相談，援助などを，従来の保健所から，市町村を中心に行なうこととし，保健所と都道府県が市町村を専門的，広域的に支援する仕組みとする

(2) 精神保健福祉法の内容

精神保健福祉法の目次に沿って主な内容をみていく。

第1章　総則（第1条～第5条）

① 法律の目的（第1条）は以下のように定められている。

i 精神障害者の医療および保護を行うこと

ii 精神障害者の社会復帰の促進およびその自立と社会経済活動への参加の促進のために必要な援助を行うこと。

iii 精神障害者の発生と予防その他国民の精神的健康の保持および増進に努めること。

② 国および地方公共団体の義務（第2条），国民の義務（第3条），精神障害者の社会復帰，自立および社会参加への配慮（第4条）を定めている。

③ 精神障害者の定義（第5条）

精神障害者とは，精神分裂病，精神作用物質による急性中毒またはその依存症，知的障害，精神病質その他の精神疾患を有する者としている。これまで覚せい剤の慢性中毒者については措置入院などの規定を準用してきたが，1999年の改正ではこれを削除し，精神作用物質による急性中毒またはその依存症，として精神障害に位置づけた。

第2章　精神保健福祉センター（第6条～第8条）

① 都道府県は，精神保健福祉センターを設置することができる。ただし2002（平成14）年からは必置となる。

② 従来の精神保健福祉に関する，知識の普及，調査研究，複雑困難な相談指導に加え，2002（平成14）年からは，精神保健福祉手帳交付の際の判定，通

院医療費公費負担の判定，精神医療審査会の事務局を業務とする。

第3章　地方精神保健福祉審議会及び精神医療審査会（第9条～第17条）

① 　地方精神保健福祉審議会は精神保健及び精神障害者の福祉に関する事項を審議し，都道府県知事の諮問に答え，意見具申することができる。精神障害者保健福祉手帳と通院医療費公費負担交付の決定の審議も行なうが，2002（平成12）年4月からは，精神保健福祉手帳と通院医療費公費負担の申請に対する交付の決定に関する専門的な知識及び技術を必要とするものは精神保健福祉センターで行うことになる。委員は20名以内で，都道府県知事が任命する。任期は3年である。

② 　精神医療審査会は，医療保護入院の届け出（第33条の4）や措置入院および医療保護入院の定期病状報告（第38条の2）に対して，入院の要否に関して審査する（第38条の3）。入院中の者やその保護者からの退院や処遇改善請求に対し審査を行い都道府県知事に通知する。知事は審査結果に基づき退院命令もしくは処遇改善命令を出すと共に請求者に審査結果とその措置を通知しなければならない（第38条の5）。

審査会の委員は，精神保健指定である学識経験者，法律に関する学識経験者，その他の学識経験者のうちから知事が任命する。任期は2年。改正により地域における精神病病床数等の実情に対応した審議が実施できるよう委員数の規定が削除された。

第4章　精神保健指定医及び精神病院

① 　精神保健指定医（第18条～第19条の6）

精神保健指定医（以下，指定医）は一定の経験と研修をもって第19条の4で定められた職務を行うのに必要な知識と技術を有する厚生労働大臣が認めたものに対して，申請に基づき指定される。指定医は措置入院や医療保護入院の要否や移送，隔離などの行動制限の要否を判定し（第19条の4の2），そのため措置入院，医療保護入院，応急入院をさせる精神病院には，常勤の精神保健指定医をおかなければならない（第19条の5）。

指定医が法律違反をした場合は、厚生労働大臣はその指定を取り消すことができるほか、改正により、一定期間その職務を停止することができることとなった（第19条の2の2）。また指定医の職務として、入院中の者の医療の提供や保護などに加え、病院全体の入院患者の適切な処遇の確保についての努力義務が課せられている（第37条の2）。

② 精神病院（第19条の7～第19条の10）

都道府県は、精神病院を設置しなければならない（第19条の7）が、厚生労働大臣が定める基準に適合する民間の精神病院を「指定病院」として指定することができ（第19条の8）、都道府県の精神病院設置は、延期することができる。

第5章 医療及び保護

(1) 保護者（第20条～第22条の2）

保護者は精神障害者の①後見人または保佐人、②配偶者、③親権者、④扶養義務者のうちから家庭裁判所が選任したものの順位でその義務を行う（第20条）、保護者がいない場合は精神障害者の居住地の市町村長（特別区の町を含む）が保護者となる（第21条）。保護者には、自らの意思で医療を受けている任意入院者と通院者を除く精神障害者に医療を受けさせ、財産上の権利を保護すべき義務（第22条）、医療保護入院の同意（第33条）、措置入院者が退院する際の引き取り義務（第41条）がある。保護者は第41条の引き取り義務を行う際、必要に応じて指定病院や社会復帰施設の長に対し、精神障害者の社会復帰に関し相談や援助を求めることができる（第22条の2）。

(2) 任意入院（第22条の3・第22の4）

病院の管理者は、精神障害者を入院させる場合、本人の同意に基づいて入院が行われるよう努めなければならない（第22条の3）。任意入院を行う場合、入院中の権利（退院請求など）を書面で告知し、精神障害者自ら入院する旨を記載した書面を受け取らねばならない。また、任意入院をした者が退院を申し出た場合は退院させなければならないが、指定医の診察の結果、入院が必要で

あると認めたときは72時間に限り退院させないことができる（第22条の4）。

(3) 指定医の診察および措置入院（第23条〜第29条）

都道府県知事は指定医2名以上の一致した診察の結果，入院させなければ精神障害者がその精神障害のために自身を傷つけまたは他人に害を及ぼすおそれがあると認めた場合は，国，都道府県が設置した精神病院または指定病院に入院させることができる（第29条）。緊急を要する場合には指定医1名の診察で72時間に限り入院（緊急措置入院）をさせることができる（第29条の2）。

指定医の診断および保護の申請は，所定の申請書を保健所長を経て都道府県知事に提出し，誰でも行うことができる（第23条）。警察官（第24条），検察官（第25条），保護観察所の長（第25条の2），矯正施設の長（第26条）には通報の義務が定められている。

措置入院に際しては，精神障害者に対し退院請求等の入院中の権利に関する事項を書面で知らせなければならない（第29条）。知事は，措置入院者が自身を傷つけ他人に害を及ぼすおそれがなくなった場合には，直ちに退院させなければならない（第29条の4），精神病院の管理者は指定医の診察の結果，措置症状が消失した時には保健所長を経て都道府県知事に届け出なければならない（第29条の5）。また，精神病院の管理者は都道府県知事に対し6カ月ごとに定期病状報告をしなければならない（第38条の2）。措置入院の費用は，保健優先で自己負担分を公費負担する（第29条の6〜第30条）。

1999年の改正では，措置入院と緊急措置入院に関わる病院への移送が義務付けられた。また，移送を行う場合は当該精神障害者に書面で知らせなければならない（第29条の2の2）。

(4) 通院医療（第32条）

精神障害の通院医療を受ける場合，都道府県は，精神障害者またはその保護者の申請により，その医療に必要な金額の100分の95を公費で負担することができる。通院医療は保険優先である。

(5) 医療保護入院等（第 33 条～第 35 条）
① 医療保護入院

精神病院の管理者は，指定医の診断の結果，精神障害者の医療および保護のために入院が必要で，その精神障害のために任意入院が行われる状態になく，かつ保護者の同意があるときは，精神障害者本人の同意がなくても入院させることができる（第 33 条）。精神病院の管理者がこの措置をとった場合 10 日以内に保護者の同意者を添え保健所長を経て都道府県知事に届け出なければならない（第 33 条第 4 項）。また退院させたときも同様に 10 日以内に保健所長を経て都道府県知事に届け出なければならない（第 33 条の 2）。医療保護入院中の精神障害者に関して，精神病院などの管理者は都道府県知事に対し 1 年ごとに定期病状報告をしなければならない（第 38 条の 2 第 2 項）。医療保護入院に際しても，精神障害者に対し退院請求ができるなどの入院中の権利について書面で知らせなければならないが，その者の医療および保護をはかる上で支障がある場合は 4 週間に限って延期することができる（第 33 条の 3）。

1999 年改正では，都道府県知事は，指定医による診察の結果，直ちに入院させなければ医療および保護をはかる上で著しく支障がある精神障害者で，その精神障害のために本人の同意に基づく入院ができないと判断されたものについて，保護者の同意があるときは医療保護入院または応急入院させるために，応急指定病院へ移送することができるようになった（第 34 条）。

② 応急入院（第 33 条の 4）

精神病院の管理者は，医療および保護の依頼があったもので，急速を要し，保護者の同意が得られない場合において，指定医を診察の結果，精神障害者であり，かつ入院させなければそのものの医療および保護をはかる上で著しい支障のあるときは，本人の同意がなくても 72 時間に限って入院させることができる。応急入院をさせた場合，精神病院の管理者は直ちに保健所長を経て都道府県知事に届け出なければならない。なお応急指定病院は，厚生労働大臣が定める基準に適合し，都道府県知事が指定した病院である。

③ 仮入院は，1999年改正で廃止された。
(6) 精神病院における処遇等（第36条～第40条）
① 処遇

　精神病院における処遇は，医療または保護に欠くことのできない限度において行動の制限ができるが，信書の発受，都道府県および地方法務局その他人権擁護に関する行政機関の職員や患者の代理人である弁護士との電話と面会は制限ができない。また隔離や身体拘束など厚生労働大臣が定める行動制限は，指定医が診察して必要と認めた場合に限り行われる（第36条）。厚生労働大臣は精神病院に入院中の者の処遇について必要な基準を定め，精神病院の管理者はその基準を遵守しなければならない（第37条）。精神病院に入院中のものまたはその保護者は，都道府県知事や精神病院の管理者に対し退院命令や処遇改善命令を求めることができる（第38条の4）。都道府県知事は，退院および処遇改善請求を受けたときは既述の精神医療審査会に通知し入院の要否や処遇に関し審査を求めなければならない。さらに，精神医療審査会の審査結果に基づき必要な措置を命じなければならない（第38条の5）。

　1999年の改正により，精神医療審査会は審査に当たって必要があると認める時は，入院中の者の同意を得て委員に診察させ，または病院の管理者や関係者に報告を求め，診療録その他の帳簿書類の提出を命じ，もしくは出頭を命じて審問することができることとなった（第8条の5）。

　厚生労働大臣または都道府県知事は，精神病院に入院中の者の処遇が，第36条の規定に違反していると認めるときや厚生労働省が定めた基準に適合していないと認めるときは，精神病院の管理者に対し，措置を講ずべき事項および期間を示して，処遇を確保するための改善計画の提出を求め，もしくは提出された改善計画の変更を命じ，またはその処遇の改善のために必要な措置をとることを命ずることができる。また厚生労働大臣または都道府県知事は，必要があると認めたときは，任意入院，医療保護入院，応急入院により入院した者について，その指定する2人以上の指定医に診察された結果，入院を継続する

必要がないと一致した場合や違法な入院が行われた場合には精神病院の管理者に対しその者を退院させることを命じることができる（第38条の7）。

② 相談，援助等

精神病院その他の医療施設の管理者は医療を受ける精神障害者の社会復帰の促進を図るため，その者の相談に応じ，その者に必要な援助を行い，およびその保護者等との連絡調整を行うよう努めなければならない（第38条）。相談・援助については管理者自ら行わなければならないというわけではなく「精神保健福祉士」に行わせることが可能という趣旨である。

第6章　保健および福祉

(1)　精神障害者保健福祉手帳（第45条）

精神障害者（知的障害者を除く）は，厚生労働省令で定める書類を添えて，その居住地の都道府県知庁に精神障害者保健福祉手帳（以下，手帳）の交付を申請することができる。この申請に対して都道府県知事は，地方精神保健福祉審議会の意見を聴き，政令で定める精神障害の状態にあると認めたときに手帳を交付しなければならない。ただし，申請者が精神障害を支給事由とする年金給付で厚生労働省で定めるものを受けているときは，地方精神保健福祉審議会の意見を聴く必要はない。手帳における障害等級は精神障害者保健福祉手帳障害等級判定基準によって，重度のものから1～3級に区分される。手帳は2年ごとに精神障害の状態について都道府県知事の認定を受けなければならない。手帳の交付を受けたものが精神障害の状態でなくなったときは速やかに返還しなければならず，手帳の譲渡や貸与も禁じられている。また1999年の改正により，政令で定める状態がなくなったと認めるとき，都道府県知事は手帳の返還を命じることができることとなった（第45条の2）。

手帳の申請・交付の事務手続きは保健所で行われているが，2002年度からは，市町村が担当する。

手帳の交付を受けた者には，通院医療費公費負担（第32条）の申請にあたっては，医師の診断書の提出や地方精神保健福祉審議会での審査が省略される

ほか，所得税や住民税の障害者控除が受けられ，さらに生活保護の障害者加算の判定が受けられる。また公共施設の入場料や公共交通機関の運賃の割引がその運営主体の判断で受けられる。

(2) 相談指導等

① 正しい知識の普及（第46条）

都道府県および市町村は，精神障害者についての正しい知識の普及のため広報活動などを通じて，精神障害者の社会復帰およびその自立と社会経済活動への参加に対する地域住民の関心と理解を深めるように務めなければならない。なお，保健所および市町村における業務については，「保健所および市町村における精神保健福祉業務について」（平成12年3月31日障害第251号厚生省大臣官房障害福祉部長通知）により定められている。

② 都道府県等の相談指導等（第47条）

都道府県，保健所を設置する市または特別区，精神保健福祉相談員その他は，精神保健および精神障害者の福祉に関し，精神障害者およびその家族等からの相談に応じ指導しなければならない。都道府県等は，医療を必要とする精神障害者に対し，適切な医療施設を紹介しなければならない。精神保健福祉センターおよび保健所は，相談指導を行うに当たって，福祉事務所その他の関係行政機関との連携を図るように努めなければならない。市町村は，都道府県が行う精神障害者に関する事務に必要な協力と必要に応じて相談に応じ指導するよう努めなければならない。

③ 精神保健福祉相談員（第48条）

都道府県等は，精神保健福祉センターおよび保健所に，精神保健および精神障害者の福祉に関する相談に応じ，ならびに精神障害者およびその家族などを訪問して必要な指導を行うための職員（「精神保健福祉相談員」）を置くことができる。精神保健福祉相談員は，精神保健福祉士その他政省令で定める資格を有する者のうちから都道府県知事などが任命する。精神保健福祉相談の任用資格は，i 精神保健福祉士，ii 大学において社会福祉の課程を修めて卒業したも

のであって，精神保健および精神障害者の福祉に関する経験を有するもの，iii 大学において心理学の課程を修めて卒業したものであって，精神保健および精神障害者の福祉に関する経験を有するもの，iv 医師，v 厚生労働大臣が指定した講習会の課程を修了した保健婦であって，精神保健および精神障害者の福祉に関する経験を有するもの，vi これらに準ずる者であって，精神保健福祉相談員として必要な知識および経験を有するもの，である．

④　施設および事業の利用の調整等（第49条）

　保健所長は，精神障害者から求めがあったときは，その精神障害者の希望や精神障害の状態，その他の援助内容を勘案し，精神障害者社会復帰施設，精神障害者地域生活援助事業，精神障害者社会適応訓練事業の利用ができるよう，相談に応じ，必要な助言を行う．また必要に応じて斡旋または調整を行う．これらの事務を2000年4月1日から，精神障害者地域生活支援センターに委託することができることとなった．2002年4月1日からは実施主体が保健所長から市町村に移行され，さらに精神障害者地域生活援助事業（グループホーム）に精神障害者居宅介護等事業（ホームヘルプ）と精神障害者短期入所事業（ショートステイ）が加わり，精神障害者居宅生活支援事業となる．精神障害者社会復帰施設の設置者または精神障害者地域生活援助事業等を行うものは保健所長による斡旋，調整および要請に対し，できる限り協力しなければならない．

⑤　施設および事業

　i　社会復帰施設の設置等（第50条）

　都道府県，市町村，社会福祉法人その他の者は社会復帰施設を設置することができる．

　ii　精神障害者社会復帰施設の種類（第50条の2）

　精神障害者生活訓練施設，精神障害者授産施設，精神障害者福祉ホーム，精神障害者福祉工場，精神障害者地域生活支援センターの5類型である．

　精神障害者地域生活支援センターの職員の秘密保持義務規定（第50条の2の

2) や社会復帰施設の設置者の施設設備および運営基準の遵守（第50条の2の3）が定められている。

⑥ 社会適応訓練事業（第50条の4）

通常の事業所に雇用されることが困難な精神障害者を協力事業所に委託して職業を与えると共に，社会経済活動への適応のために必要な訓練を行う事業で，都道府県と協力事業所の委託契約によって行われる。

第7章　精神障害者社会復帰促進センター

精神障害者社会復帰促進センターは，精神障害者の社会復帰の促進を図るための訓練および指導に関する研究開発を行うことなどにより精神障害者の社会復帰を促進することを目的として設立された民法法人で，全国を通じて一カ所に限り，厚生労働大臣が指定することができる。1994（平成6）年7月に財団法人全国精神障害者家族連合会が指定されている。

第8章　雑則

① 審判の請求（第51条の11の2）

成年後見制度を利用しやすい制度とするため，判断能力が不十分な精神障害者のうち，身寄りがない場合など審判の請求が困難な場合，市町村長が家庭裁判所長に対し，後見・保佐・補助の開始などの審判を請求することができることとした。

② 大都市特例（第51条の12）

この法律で都道府県が処理することとされている事務で政令で定めるものは，指定都市が処理するものとする。

第9章　罰則（第52条～57条）

この法律の命令，秘密保持，虚偽の報告，規定違反，義務違反などに対する罰則を定めている。

附則

2. 精神保健福祉士法の意義と内容

(1) 精神保健福祉士法成立の経緯

　精神障害者の社会復帰施策は，精神福祉法により法定化されたが，社会復帰を担う人材の充実が遅れていた。精神科ソーシャルワーカーの資格化については1987（昭和62）年の精神衛生法改正以来，衆参両議院で数回にわたり付帯決議が行われ，公衆衛生審議会からも指摘をされてきた。1994（平成6）年に厚生科学研究による精神科（精神医学）ソーシャルワーカー資格化の報告書がまとめられ，1995（平成7）年から1996（平成8）年にかけては，厚生科学研究の「精神科ソーシャルワーカーおよび臨床心理技術者の業務と資格化に関する研究班」において検討がなされてきた。この流れをうけ，精神障害者が社会復帰を果たす上で障害となっている諸問題を解決し，医師等の医療従事者が行なう診療行為に加えて，退院のための環境整備などについてさまざまな支援を行なう人材の養成・確保を図るため，精神障害者の保健および福祉に関する専門的知識および技術をもって，精神障害者の社会復帰に関する相談援助を行なうものとして，精神保健福祉士の国家資格制度が創設された。

　「精神保健福祉士法」は1997（平成9）年12月国会で可決され，1998（平成10）年4月1日から施行された。

(2) 精神保健福祉士法の意義

1) 精神障害者の社会復帰の担い手として

　日本の精神障害者数は，精神病院入院者332,930人（1999年6月），外来患者数は約183万人（1996年の推計）で，合わせて約217万人である。特に外来患者数は1993年の124万人と比べると増加している。入院者数の推移は近年大きな変化はなく，入院者の半数は5年以上入院をしている。日本の平均在院日数は400日を超えているのに対し欧米は30～60日である。また精神科病床数を欧米と比較すると1990年では日本は人口1万当たり29であるのに対し，アメリカは6.4，イングランド13.2，ドイツ11，フランス17，イタリア7.6

である。さらに，入院者の約2割の5万人は，条件が整えば退院の可能性があるといわれている。つまり地域で社会復帰施設などの受け皿が十分に整備されれば，社会的入院者が減少するのである。このように，日本の精神医療の特徴は，長期入院と病床数の多さにあるといえる。また社会復帰対策の遅れもあり，精神障害者の社会復帰を困難にさせているという現状がある。精神保健福祉士は退院から社会復帰のマンパワーとしてその役割が期待されている。

(3) 精神保健福祉士法の内容

1) 法の目的

精神保健福祉士の資格を定めて，その業務の適正化を図り，もって精神保健の向上および精神障害者の福祉の増進に寄与することを目的とする（第1条）と謳われている。

2) 精神保健福祉士と社会福祉士との相違点

① 精神保健福祉士と社会福祉士

精神保健福祉士とは，登録（第28条）をうけ精神保健福祉士の名称を用いて，精神障害者の保健および福祉に関する専門的知識および技術をもって，精神病院その他の医療施設において精神障害の治療をうけ，または精神障害者の社会復帰の促進を図ることを目的とする施設を利用しているものの社会復帰に関する相談に応じ，助言，指導，日常生活への適応のために必要な訓練その他の援助を行なうこと（以下「相談援助」という）を業とするものをいう（第2条），と規定されている。

一方，社会福祉士とは，登録（第28条）をうけ，社会福祉士の名称を用いて，専門的知識および技術をもって，身体上もしくは精神上の障害があることまたは環境上の理由により日常生活を営むのに支障があるものの福祉に関する相談に応じ，助言，指導，その他の援助を行なうことを業とするものをいう（社会福祉士および介護福祉士法第2条），とされている。

② 精神保健福祉士の対象

精神保健福祉士の対象者は，法第2条に規定されているように精神障害の治

療をうけ社会復帰施設などを利用している「精神障害者」である。一方，社会福祉士の対象者は，「身体上もしくは精神上の障害がある者」である。これは対象が「傷病者」ではなく「障害者」であるとされ，「精神上の障害」には精神障害は含まれないと法解釈されている。

③ 名称独占の資格

精神保健福祉士と社会福祉士は，名称独占の資格である。

名称独占とは，国家資格で登録した有資格者だけがその名称を使用して業務ができることである。無資格者がその名称を使用すると違法になる。しかし，名称を使用しなければ，資格がないものが業務を行なっても違法とはならない。これに対して業務独占は，医師や看護婦（士），弁護士のように，国家資格の有資格者が，その定められた業務を独占することである。無資格者がその業務を行なうことも名称を使用することも違法となる。

「精神保健福祉士でないものは，精神保健福祉士という名称を使用してはならない」（第42条）と規定され，違反したものは，「30万円以下の罰金に処する」（第47条2）という罰則が設けられている。

④ 精神保健福祉士の欠格事由

第3条では，1，成年被後見人または被保佐人，2，禁錮以上の刑に処され，その執行を終わり，または執行をうけることがなくなった日から起算して2年を経過しない者など，精神保健福祉士になることができない事由を明記している。

3） 養成機関と試験

精神保健福祉士となる資格を有するものとは，精神保健福祉士として必要な知識および技能についての試験に合格した者で，試験は毎年1回以上厚生労働大臣が行なうとされている（第4～6条）。

試験は，学校教育法に基づく大学（短期大学を除く）において厚生労働大臣の指定する精神障害者の保健および福祉に関する科目（指定科目）を修めて卒業した者その他に準ずるものとして厚生労働省令で定める者でなければうける

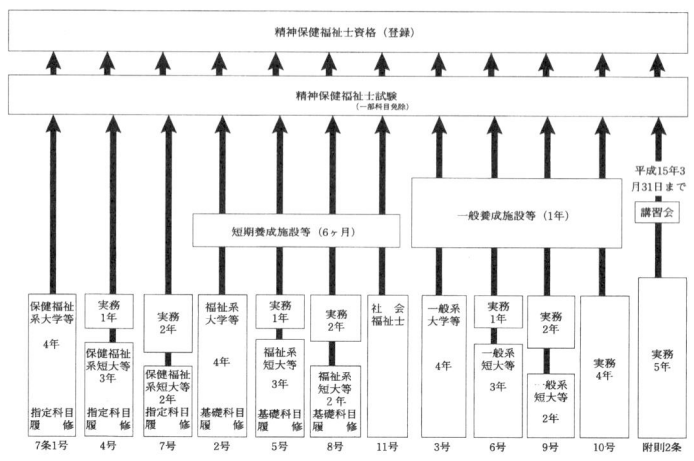

図 9-1 精神保健福祉士の資格要件

日本精神医学ソーシャル・ワーカー協会編集『[改訂]これからの精神保健福祉：精神保健福祉士ガイドブック』へるす出版　1998年　p.214

ことができない（第7条）。（図9-1参照）

4）試験機関

厚生労働大臣は厚生労働省令で定める指定試験機関に試験の実施に関する事務を行なわせることができる（第10条）とし，指定試験機関や試験委員などに対する事項を定めている（第10条～25条）。

5）登　録

精神保健福祉士となる資格を有するものが精神保健福祉士となるためには，精神保健福祉士登録簿に，氏名，生年月日その他厚生労働省令で定める事項の登録をうけなければならない（第28条）とされ，その他登録に関する事項が定められている（第29～38条）。つまり精神保健福祉士は，国家試験に合格し精神保健福祉士登録名簿に登録された時点から名称を使用して業務ができるのである。

6）義務等

① 信用失墜行為の禁止

精神保健福祉士の信用を傷つけるような行為をしてはならない（第39条）。

② 秘密保持義務

正当な理由がなく，その業務に関して知り得た人の秘密を漏らしてはならない。精神保健福祉士でなくなった後においても，同様とする（第40条）。違反したものは1年以下の懲役または30万円の罰金に処する（第44条）という罰則規定が設けられている。

③ 連携等

精神保健福祉士は，その業務を行なうに当たっては，医師その他の医療関係者との連携を保たなければならない（第41条）。また業務を行なうに当たって精神障害者に主治の医師があるときは，その指導をうけなければならない（第41条2）と定められている。精神保健福祉士が行なう相談援助はソーシャルワークを用いるので医療関係者との連携は大切である。また主治医の指導については，「指示」ではなく「指導」であり精神保健福祉士に一定の裁量権をもたせたことを意味する。

7) 受験資格の特例

この法律の施行の際，現に病院，診療所その他厚生労働省令で定める施設において相談援助を業として行なっている者で，厚生労働大臣が指定した講習会の課程を修了し，かつ病院，診療所その他厚生労働省令で定める施設において相談援助を5年以上行なった者は，2003（平成15）年3月31日までは，第7条の規定にかかわらず，試験をうけることができる（附則第2条）。これは現任者への受験資格の時限救済措置の規定である。

このように精神保健福祉士は，専門的な知識と技術をもって精神障害者の社会復帰に関する相談援助を行なう名称独占の国家資格であるといえる。

3. 関連法について

(1) 社会福祉法

社会福祉を目的とする事業の全分野における共通的基本事項を定め，社会福

祉を目的とする他の法律と相まって福祉サービスの利用者の利益の保護および地域における社会福祉の推進を図るとともに，社会福祉事業の公明かつ適正な実施の確保および社会福祉を目的とする事業の健全な発達を図り，もって社会福祉の増進に資することを目的とした法律である。精神障害者社会復帰施設は第2種社会福祉事業に位置付けられている。

（2） 民 法

1999（平成11）年に民法の一部改正により，2000（平成12）年4月から従来の禁治産・準禁治産制度から成年後見制度に改められた。痴呆や精神障害，知的障害により契約の締結などの法律行為を行なう意思決定が困難な人びとの代理人を選任し，保護する制度である。後見の類型は，判断能力の重い度合いから，後見・保佐・補助の3類型がある。また，判断能力低下前に後見人の選任や後見事務内容を本人が決定する任意後見制度も創設された。

（3） 生活保護法

生活に困窮するすべての国民に対し，その困窮の程度に応じ，必要な保護を行ない，その最低限度の生活を保障するとともに，その自立を助長することを目的とした法律である。生活保護法（第38条）に定める保護施設には，救護施設，更正施設，医療保護施設，授産施設，宿泊提供施設がある。一方，医療扶助人員に占める精神障害者の割合は平成9年度で入院者の50.7％，入院外では12.1％で他の疾患より多い。特に入院外では年々増加傾向にある。

（4） 知的障害者福祉法

知的障害者の自立と社会経済活動への参加を促進するため，知的障害者を援助するとともに必要な保護を行ない，もって知的障害者の福祉を図ることを目的とする法律である。知的障害者援護施設には，知的障害者デイサービスセンター，知的障害者更正施設，知的障害者授産施設，知的障害者通勤寮，知的障害者福祉ホームなどがある。

（5） 老人福祉法

老人の福祉に関する原理を明らかにするとともに，老人に対し，その心身の

健康の保持および生活の安定のために必要な措置を講じ，もって老人の福祉を図ることを目的とする法律である。老人福祉施設の種別は，老人日帰り介護施設（デイサービスセンター），老人短期入所施設，養護老人ホーム，特別養護老人ホーム，軽費老人ホーム，在宅介護支援センター，老人福祉センターなどがある。

(6) 介護保険法

介護を必要とする高齢者などに必要な保険給付を定めた法律で，1997（平成9）年に制定され，2000（平成12）年4月から施行されている。従来の措置制度による福祉サービスの硬直化や総合的な保健・医療・福祉サービスの要請，高齢者の社会的入院の解消などの課題に対処するため，保険方式で利用者主体のシステムの構築を目指している。

保険者は市町村で，被保険者は65歳以上の第1号被保険者と40歳以上65歳未満の医療保険加入者である第2号被保険者である。

介護保険から給付をうけるには，介護認定の申請を行ない，介護認定審査会で要介護認定が行なわれる。要介護認定をうけると，要介護度に応じた介護サービス計画（ケアプラン）を立てる。なおケアプランは介護支援専門員（ケアマネジャー）に依頼することができる。保険の支給限度内で在宅サービスや施設サービスをうけることができる。なおサービス利用の1割は利用者負担となる。

(7) 老人保健法

国民の老後における健康の保持と適切な医療の確保を図るため，疾病の予防，治療，機能訓練などの保健事業を総合的に実施し，もって国民保健の向上および老人福祉の増進を図ることを目的としている。対象は70歳以上もしくは65歳以上70歳未満の省令で定める障害の状態にある者。介護保険法の介護老人保健施設として入所サービスや居宅サービスを行なう。

(8) 児童福祉法

すべての国民は児童が心身ともに健やかに生まれ，かつ，育成されるよう努

め，すべての児童は，等しくその生活を保障され愛護されることを目的とした法律であり，施設としては児童相談所，情緒障害児短期治療施設などがある。

（9） 地域保健法

1994（平成6）年に，従来の保健所法を名称変更し制定された。地域保健対策の推進に関する基本方針，保健所の設置その他地域保健対策の推進に関し基本となる事項を定めることにより，母子保健その他の地域保健対策に関する法律による対策が地域において総合的に推進されることを確保し，もって地域住民の健康の保持および増進に寄与することを目的としている。精神保健に関して，保健所における業務や市町村保健センターの役割が定められている。

（10） 国民年金法及び厚生年金法

国民年金に加入中に障害認定日において障害等級に該当しており，一定の保険料納付要件を満たしていれば障害基礎年金が給付される。障害等級は重い順に1級と2級に分けられる。なお，発症が20歳未満で初診日がある場合は，納付要件は問われず満20歳から支給される。

厚生年金の被保険者が病気やけがのために，障害認定日に1級または2級の障害と認められたときは，1級または2級の障害基礎年金に上乗せして支給される。2級よりも軽い障害で3級の障害に該当する場合は障害厚生年金が単独で支給される。3級よりも軽い障害の場合は障害手当金が支給される。障害厚生年金の受給権を得るには，障害基礎年金と同様に一定の保険料納付要件を満たしていることが必要である。

（11） 医療保険各法

医療保険制度には国民健康保険法，健康保険法（政府管掌健康保険，組合管掌健康保険），国家公務員共済組合法，船員保険法，地方公務員等共済組合法，私立学校教職員共済組合法がある。国民皆保険によりいずれかの医療保険制度に加入することになっている。

（12） 医療法

医療供給体制の確保を図るため，病院，診療所，助産所の開設および管理・

施設整備，医療計画，医療法人などについて定めている。

2000年医療法改正により，精神科病床は一般病床とされ，旧厚生省令で定める従業員の標準によらないことができるという「精神科特例」は廃止されたが，病床区分ごとの基準が定められたため一般病床よりも低い人員基準になっている。

(13) 所得税法

所得のある精神障害者または家族に精神障害者がいる場合，所得の一定額が控除される。控除額は，精神障害者保健福祉手帳1級の場合35万円，2・3級では27万円である。同様に知的障害者（重度），身体障害者（身体障害者手帳1・2級），65歳以上で福祉事務所長が障害者に準じると認めた者が対象となる。

(14) 警察官職務執行法

警察官が警察法に定める職権職務を忠実に遂行するために必要な手段を定めたもの。精神錯乱またはでい酔のため自己または他人の生命，身体または財産に危害を及ぼすおそれのある場合で，応急の救護を要する者を発見した時は，とりあえず警察署，病院，精神病者収容施設，救護施設などの適当な場所で保護しなければならない。

(15) その他

その他の関係法として，「世界人権宣言」，「経済的，社会的および文化的権利に関する国際条約（A規約，社会権規約）」，「市民的および政治的権利に関する国際規約（B規約，自由権規約）」，「児童の権利に関する条約」などがある。

参考文献

小俣和一郎『精神病院の起源　近代編』太田出版　2000年
柏木昭編著『精神医学ソーシャルワーク』岩崎学術出版社　1987年
精神保健福祉研究会監修『改訂精神保健福祉法詳解』中央法規出版　2001年
柏木昭・高橋一編著『改訂精神保健福祉論』へるす出版　2001年
精神保健福祉研究会監修『我が国の精神保健福祉（平成12年度版）』厚健出版

2000年
成清美治・加納光子編集代表『現代社会福祉用語の基礎知識』学文社　2001年
障害者福祉研究会監修『障害保健福祉六法（平成12年版）』中央法規出版　2000年
ゆうゆう編集部・田中英樹編『精神障害者と家族のための生活・医療・福祉制度のすべてQ＆A。改訂版』萌文社　1998年
日本精神医学ソーシャルワーカー協会編集『改訂これからの精神保健福祉　精神保健福祉士ガイドブック』へるす出版　1998年

第10章
精神保健福祉施策の概要

1. 精神保健福祉に関する行政組織

「精神保健及び精神障害者福祉に関する法律」(以下,「精神保健福祉法」)では,その第2条において「国および地方公共団体の義務」として「国及び地方公共団体は,医療施設,社会復帰施設その他の福祉施設及び教育施設並びに地域生活援助事業を充実する等,精神障害者の医療及び保護並びに保健及び福祉に関する施策を総合的に実施することによって精神障害者が社会復帰をし,自立と社会経済活動への参加をすることができるように努力するとともに,精神保健に関する調査研究の推進及び知識の普及を図る精神障害者の発生の予防その他国民の精神保健の向上のための施策を講じなければならない」と規定している。そしてこの規定を受けて,国及び地方自治体は精神保健福祉施策の推進義務を遂行していくことになる。

精神保健福祉行政は,こうした精神保健福祉施策の推進のほかに,精神科医療施策の推進,あるいは自傷他害の恐れのある精神障害者に対して医療と保護を行なう社会防衛的施策をも推進していく。すなわち,精神保健福祉行政には二面的な機能があり,一方では障害者の人権や福祉を保護し増進するという機能とともに,他方では社会の安全のために障害者の人権を束縛し制限するという機能を有していることになる。

精神保健福祉の行政組織について,国及び地方のそれぞれの組織をみていくことにしよう。国の精神保健福祉行政は2001(平成13)年1月6日施行の中央省庁等再編成により,厚生労働省の社会・援護局にある障害保健福祉部の精神保健福祉課が所管している(図10-1)。ちなみに障害保健福祉部には,①企画課,②障害福祉課,そして③精神保健福祉課の3課がある。企画課は障害

者施策の総合的企画調整，障害福祉課は身体障害児（者）および知的障害児（者）の福祉施策を所管するのに対し，精神保健福祉課は精神障害者の保健医療と福祉施策等を所管する。またこの精神保健福祉課に関係のある附属機関として，①国立精神・神経センター精神保健研究所（精神保健に関する研究機関），②社会保障審議会障害保健福祉部会（精神保健福祉行政の調査審議機関），③精神障害者社会復帰促進センター（厚生労働大臣の指定法人）が設置されている。なおこれらのほかに，厚生労働省職業安定局高齢・障害者雇用対策部の障害者雇用対策課では，精神障害者を含めた障害者の雇用促進や職業訓練施策を所管している。さらに内閣府には障害者施策推進本部担当室が設置され，各省庁の障害者施策の調整，障害者基本計画案の作成，障害者問題の啓発広報活動などを所管している。

都道府県および指定都市の精神保健福祉行政は，保健福祉部局等の精神保健福祉の主管課（保健予防課，健康増進課等）の担当となる。精神保健福祉法では，①地方精神保健福祉審議会の設置（第9条），②精神医療審査会の設置（第12条），③精神病院の設置（第19条の7），④精神保健福祉センターの設置（第6条）が義務づけられている。また精神障害者社会復帰施設の設置（第50条）については任意規定となっている。この他に指定医の診察，措置入院に関する権限，精神障害者保健福祉手帳の交付，精神保健福祉相談員の設置などの事務がある。これらの大部分の事務は，これまで国の指揮・監督の強い機関委任事務であったが，2000（平成12）年4月1日施行の地方分権一括法により，機関委任事務が廃止となり法定受託事務と自治事務に分けられた。ちなみに比較的，国の関与が強い法定受託事務には，精神障害者に対する入院措置や精神病院に対する指導監督等の事務があり，その他の事務は自治事務に属することになった。

保健所は地域における精神保健福祉行政の中心的な実施機関である。そこでは精神保健福祉相談員による相談援助業務や保健婦による相談訪問活動が行なわれている。こうした，①相談業務のほかに，②管内の精神保健福祉の実態

第 10 章　精神保健福祉施策の概要　155

図 10-1　厚生

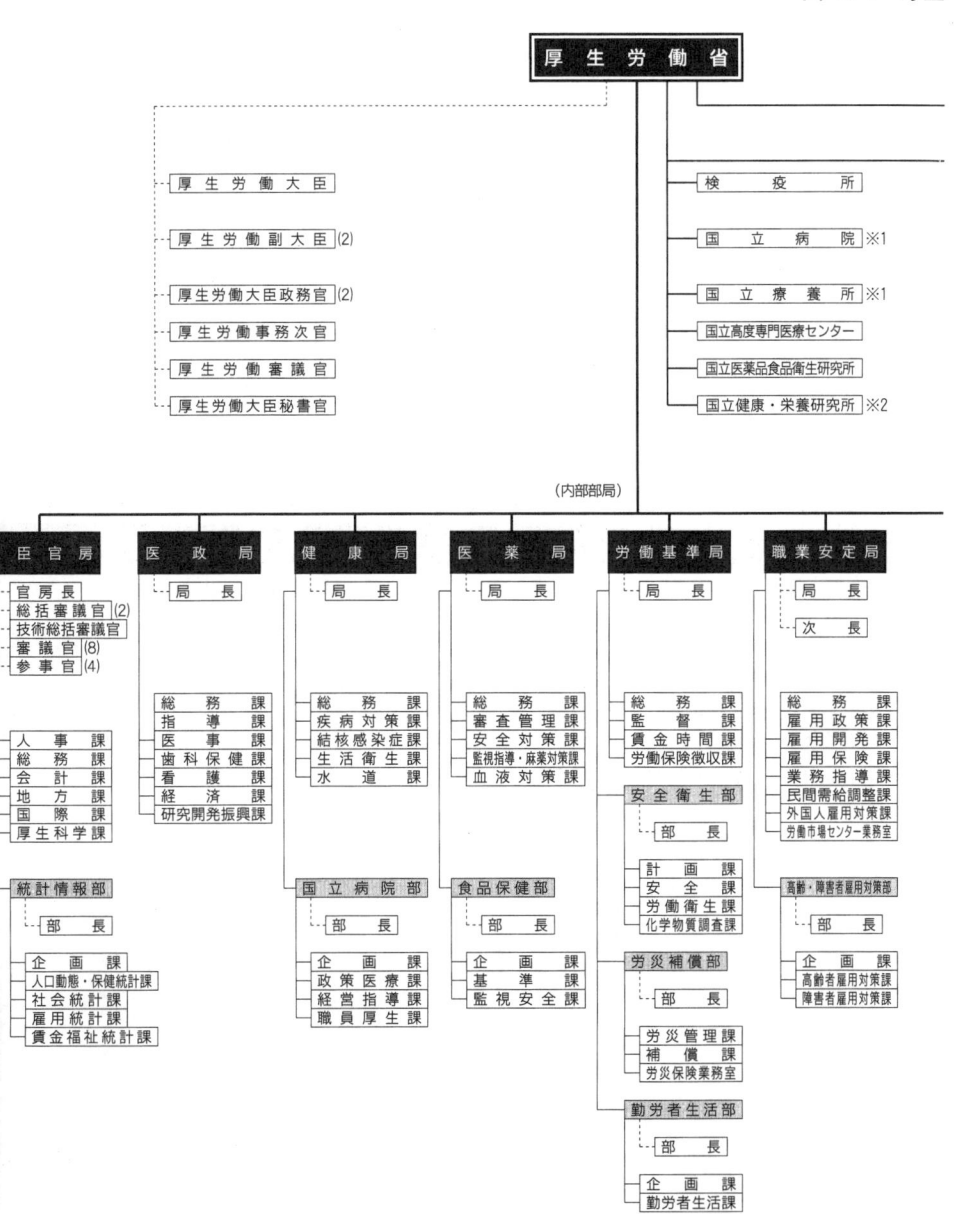

厚生労働省

- 厚生労働大臣
- 厚生労働副大臣 (2)
- 厚生労働大臣政務官 (2)
- 厚生労働事務次官
- 厚生労働審議官
- 厚生労働大臣秘書官

- 検疫所
- 国立病院 ※1
- 国立療養所 ※1
- 国立高度専門医療センター
- 国立医薬品食品衛生研究所
- 国立健康・栄養研究所 ※2

（内部部局）

大臣官房
- 官房長
- 総括審議官 (2)
- 技術総括審議官
- 審議官 (8)
- 参事官 (4)

- 人事課
- 総務課
- 会計課
- 地方課
- 国際課
- 厚生科学課

統計情報部
- 部長
- 企画課
- 人口動態・保健統計課
- 社会統計課
- 雇用統計課
- 賃金福祉統計課

医政局
- 局長
- 総務課
- 指導課
- 医事課
- 歯科保健課
- 看護課
- 経済課
- 研究開発振興課

国立病院部
- 部長
- 企画課
- 政策医療課
- 経営指導課
- 職員厚生課

健康局
- 局長
- 総務課
- 疾病対策課
- 結核感染症課
- 生活衛生課
- 水道課

医薬局
- 局長
- 総務課
- 審査管理課
- 安全対策課
- 監視指導・麻薬対策課
- 血液対策課

食品保健部
- 部長
- 企画課
- 基準課
- 監視安全課

労働基準局
- 局長
- 総務課
- 監督課
- 賃金時間課
- 労働保険徴収課

安全衛生部
- 部長
- 計画課
- 安全課
- 労働衛生課
- 化学物質調査課

労災補償部
- 部長
- 労災管理課
- 補償課
- 労災保険業務室

勤労者生活部
- 部長
- 企画課
- 勤労者生活課

職業安定局
- 局長
- 次長
- 総務課
- 雇用政策課
- 雇用開発課
- 雇用保険課
- 業務指導課
- 民間需給調整課
- 外国人雇用対策課
- 労働市場センター業務室

高齢・障害者雇用対策部
- 部長
- 企画課
- 高齢者雇用対策課
- 障害者雇用対策課

出所）全国社会福祉協議会『生活と福祉』No. 538　2001 年　pp. 18〜19

労働省の組織

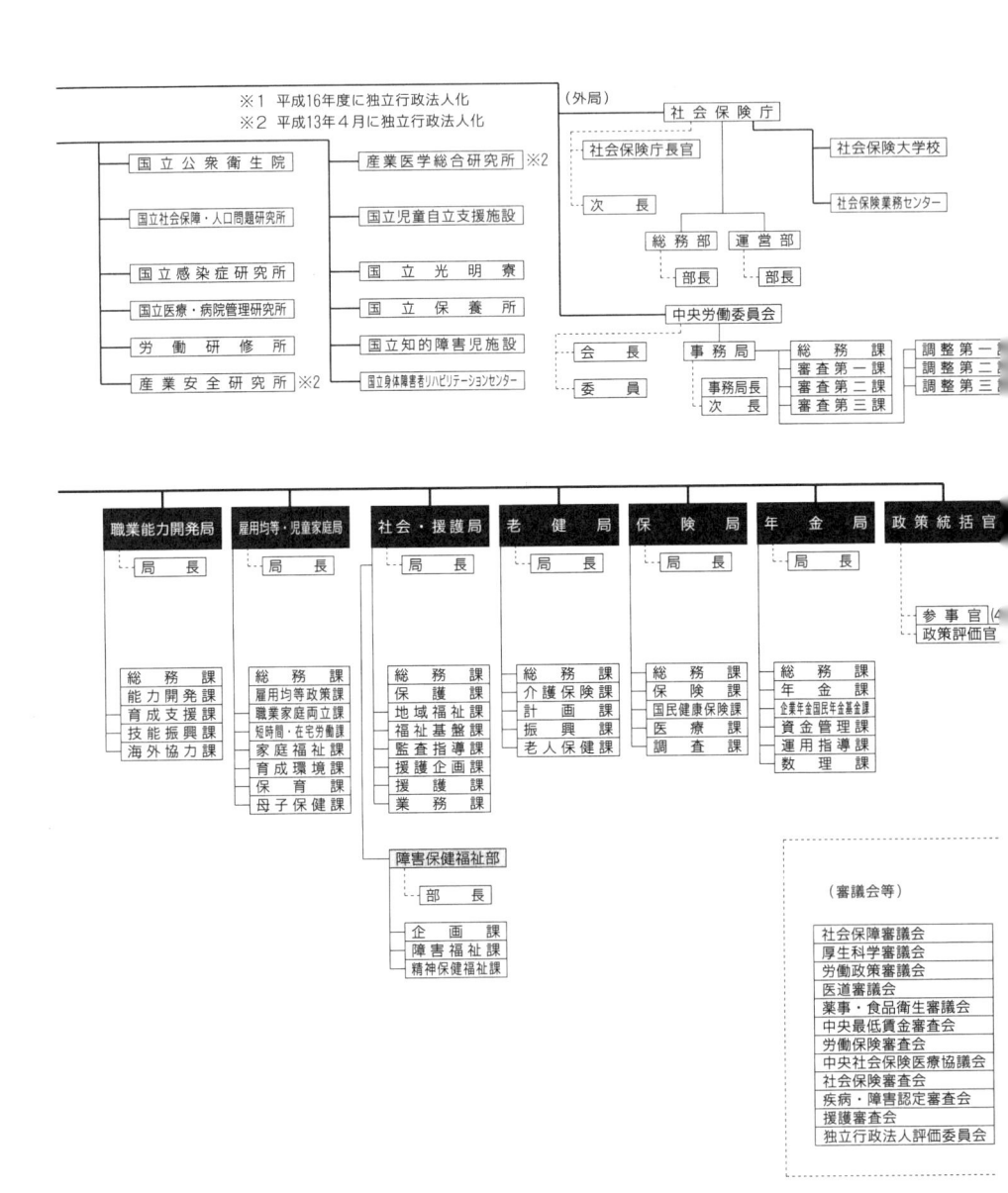

※1 平成16年度に独立行政法人化
※2 平成13年4月に独立行政法人化

- 国立公衆衛生院
- 国立社会保障・人口問題研究所
- 国立感染症研究所
- 国立医療・病院管理研究所
- 労働研修所
- 産業安全研究所 ※2
- 産業医学総合研究所 ※2
- 国立児童自立支援施設
- 国立光明寮
- 国立保養所
- 国立知的障害児施設
- 国立身体障害者リハビリテーションセンター

(外局) 社会保険庁
- 社会保険庁長官
- 次長
- 総務部　部長
- 運営部　部長
- 社会保険大学校
- 社会保険業務センター

中央労働委員会
- 会長
- 委員
- 事務局
  - 事務局長
  - 次長
- 総務課
- 審査第一課
- 審査第二課
- 審査第三課
- 調整第一
- 調整第二
- 調整第三

職業能力開発局
- 局長
- 総務課
- 能力開発課
- 育成支援課
- 技能振興課
- 海外協力課

雇用均等・児童家庭局
- 局長
- 総務課
- 雇用均等政策課
- 職業家庭両立課
- 短時間・在宅労働課
- 家庭福祉課
- 育成環境課
- 保育課
- 母子保健課

社会・援護局
- 局長
- 総務課
- 保護課
- 地域福祉課
- 福祉基盤課
- 監査指導課
- 援護企画課
- 援護課
- 業務課

障害保健福祉部
- 部長
- 企画課
- 障害福祉課
- 精神保健福祉課

老健局
- 局長
- 総務課
- 介護保険課
- 計画課
- 振興課
- 老人保健課

保険局
- 局長
- 総務課
- 保険課
- 国民健康保険課
- 医療課
- 調査課

年金局
- 局長
- 総務課
- 年金課
- 企業年金国民年金基金課
- 資金管理課
- 運用指導課
- 数理課

政策統括官
- 参事官
- 政策評価官

(審議会等)
- 社会保障審議会
- 厚生科学審議会
- 労働政策審議会
- 医道審議会
- 薬事・食品衛生審議会
- 中央最低賃金審議会
- 労働保険審査会
- 中央社会保険医療協議会
- 社会保険審査会
- 疾病・障害認定審査会
- 援護審査会
- 独立行政法人評価委員会

把握・情報提供，③計画の策定，④正しい知識の普及啓発，⑤研修，⑥関係組織の育成，⑦デイケアの実施等がある。この保健所は1994（平成6）年6月成立の地域保健法により，地域健康づくりの保健医療行政の中核センターとして，企画・調整・指導などの役割を担うことになった。また1996（平成8）年1月に30年ぶりに改正となった「保健所および市町村における精神保健福祉業務運営要領」では，保健所の市町村への情報提供や技術等の協力・連携などが規定され，市町村への関わりが重視されてくるようになった。

　市町村においては精神保健福祉法により，①広報・啓発（第46条），②相談指導（第47条第4項），③社会復帰施設の設置（第50条の2），④保護者のいない精神障害者に対して市町村が保護者となること（第21条）などが規定されている。さらに1999（平成11）年の法改正では，①精神障害者居宅生活支援事業（グループホーム，ホームヘルプ，ショートステイ）の市町村単位での実施，②これらの福祉サービス利用に関する相談・調整（ケアマネジメント），③精神障害者保健福祉手帳や通院医療費公費負担の申請窓口になることが規定された（施行は2002（平成14）年から）。また障害者基本法では精神障害者も法の対象に位置づけられ，市町村障害者計画においても精神障害者を含めた策定づくりが進行している。このようにこれまで都道府県及び保健所中心であった精神保健福祉行政が，身近な対人サービスの実施を目的として，一連の施策が市町村に移行しつつあり，市町村は精神保健福祉の第一線の機関として機能することが求められてきている。

2. 精神保健福祉に関わる公費負担制度（公費負担医療等）

　一般に公費負担制度を性格的に分類すると，①国家補償的なもの（原爆被爆者医療，戦傷病者医療），②社会防衛的なもの（伝染病予防法，結核予防法，性病予防法，精神保健福祉法），③所得補償的なもの（医療扶助，老人医療，更生医療，育成医療等）に分けられる。一方，公費負担制度を負担区分で分類すると，①全額国庫負担（原爆被爆者医療，戦傷病者医療），②公費優先

(伝染病予防法, 結核予防法, 性病予防法), ③保険優先（精神保健福祉法, 医療扶助, 老人医療, 更生医療, 育成医療等）に分けられる。

　精神保健福祉における公費負担医療には, ①措置入院費, ②通院医療費がある。精神障害者の措置入院費は, 精神保健福祉法第29条に基づき自傷他害の恐れのある者に対し, 知事命令による強制入院措置がなされるが, その入院費の自己負担額が原則として公費で負担される制度である。この措置入院費は社会防衛的な公費負担制度として長い間, 公費優先とされてきたが, 1995（平成7）年7月1日施行の精神保健福祉法により保険優先となった（図10-2）。すなわち, その精神障害者が各医療保険制度の給付をうけることができるときは, そちらの保険給付が優先し, 都道府県はその残りの部分を公費で負担することになる。その残り部分の負担割合は国が4分の3, 都道府県・指定都市が4分の1となる。ただし世帯の前年度の所得税額が150万円を超える場合には

図 10-2　措置入院（第 29 条）の場合の医療保険と公費負担医療

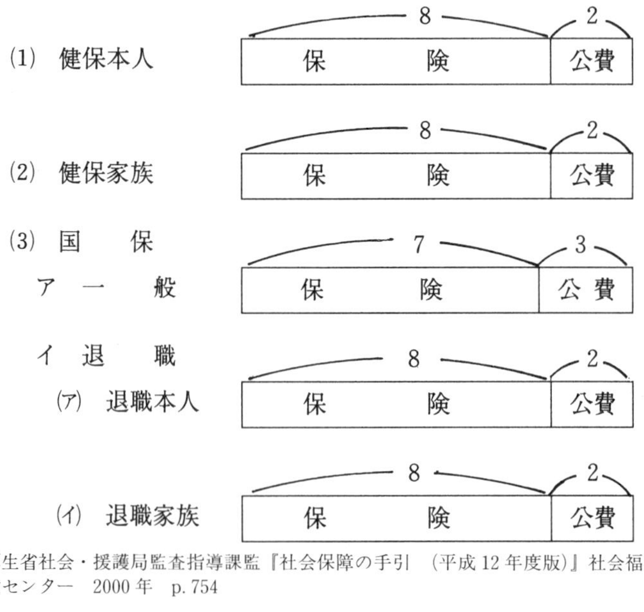

		保険	公費
(1)	健保本人	8	2
(2)	健保家族	8	2
(3)	国　保		
	ア　一　般	7	3
	イ　退　職		
	（ア）退職本人	8	2
	（イ）退職家族	8	2

出所）厚生省社会・援護局監査指導課監『社会保障の手引（平成12年度版）』社会福祉振興・試験センター　2000年　p.754

自己負担額が2万円となる。

　精神障害者の通院医療費は早期治療，早期退院，再発防止を目的に精神保健福祉法第32条に基づき，精神障害の医療を通院でうける場合に，その通院医療費の各医療保険制度の保険給付分と自己負担分（費用の5％）を除いた額を公費負担とするものである（図10-3）。すなわち，精神障害者の通院医療費の自己負担分は5％であり，残りの部分は国が2分の1，都道府県・指定都市が2分の1の負担となる。なおこの申請方法は申請書と診断書を保健所（2002（平成14）年からは市町村窓口）に提出すればよい。そうすると公費負担の要否について地方精神保健福祉審議会の判定がなされる。また精神保健福祉手帳の所持者は診断書提出の必要はなく，手帳を医療機関に提示すればよい。この通院医療費公費負担の有効期間は2年間であり2年ごとの更新が必要となる。

　精神保健福祉法第33条の医療保護入院については，一般医療と同様の保険

図 10-3　通院医療（第32条）の場合の医療保険と公費負担医療

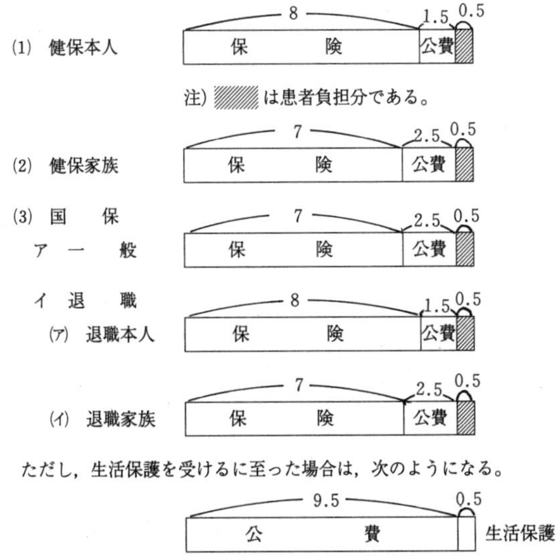

(1) 健保本人　　保険 8 ／公費 1.5 ／0.5

注）▨は患者負担分である。

(2) 健保家族　　保険 7 ／公費 2.5 ／0.5

(3) 国　保
　ア　一　般　　保険 7 ／公費 2.5 ／0.5
　イ　退　職
　　(ア) 退職本人　保険 8 ／公費 1.5 ／0.5
　　(イ) 退職家族　保険 7 ／公費 2.5 ／0.5

ただし，生活保護を受けるに至った場合は，次のようになる。

公費 9.5 ／生活保護 0.5

出所）前掲書

診療が行なわれ公費負担はない。ただし沖縄県のみは「沖縄の復帰に伴う特別措置に関する法律」(1972 (昭和47) 年施行) により, 医療保護入院及び通院に要する医療費の本人負担分は全額が公費負担となる。

3. 精神保健福祉施策の課題

(1) 精神障害者福祉対策

1995 (平成7) 年成立の「精神保健福祉法」では, さきにのべた公費負担医療の公費優先から保険優先への変換のほかに精神障害者保健福祉手帳制度がつくられた。また1999 (平成11) 年の法改正ではホームヘルプ, ショートステイなどの在宅福祉施策の市町村中心の推進体制が法定化 (2002 (平成14) 年度施行) された。なお精神障害者精神保健福祉施策の全体概要については図10-4を参照してもらいたい。ここでは, ①精神障害者保健福祉手帳制度, ②市町村中心の在宅福祉施策についてのべていくことにしたい。

精神障害者保健福祉手帳制度は, 精神障害者の自立と社会参加の促進を図ることを目的として, 手帳が一定の精神障害の状態にあることを証明する手段となることにより, 手帳の交付を受けた者に対する各種の福祉サービスを受けやすくするためにつくられたものである。この手帳の対象は,「精神保健福祉法」第5条に定義される精神障害者のうち, 長期にわたり日常生活または社会生活への制約がある者である。なお独自の手帳制度 (療育手帳) の対象となる知的障害者は除外される。

手帳の等級は1~3級までであり, 障害年金の等級に準拠 (1級は年金1級相当, 2級は年金2級相当) する。その等級判定は病気の状態とそれに伴う生活能力障害の状態の両面から総合的に行なわれる。手帳の申請者は障害者本人であるが, 家族や医療機関でも代行が可能である。交付主体は都道府県知事及び指定都市市長であり, 申請窓口は保健所 (2002 (平成14) 年度からは市町村に移行) である。その申請にあたっては医師の診断書 (初診日から6ヶ月経過したもの) または障害年金受給者は年金証書の写しを添える。医師の診断書による申

第10章 精神保健福祉施策の概要　161

図 10-4　精神保健福祉対策の概要

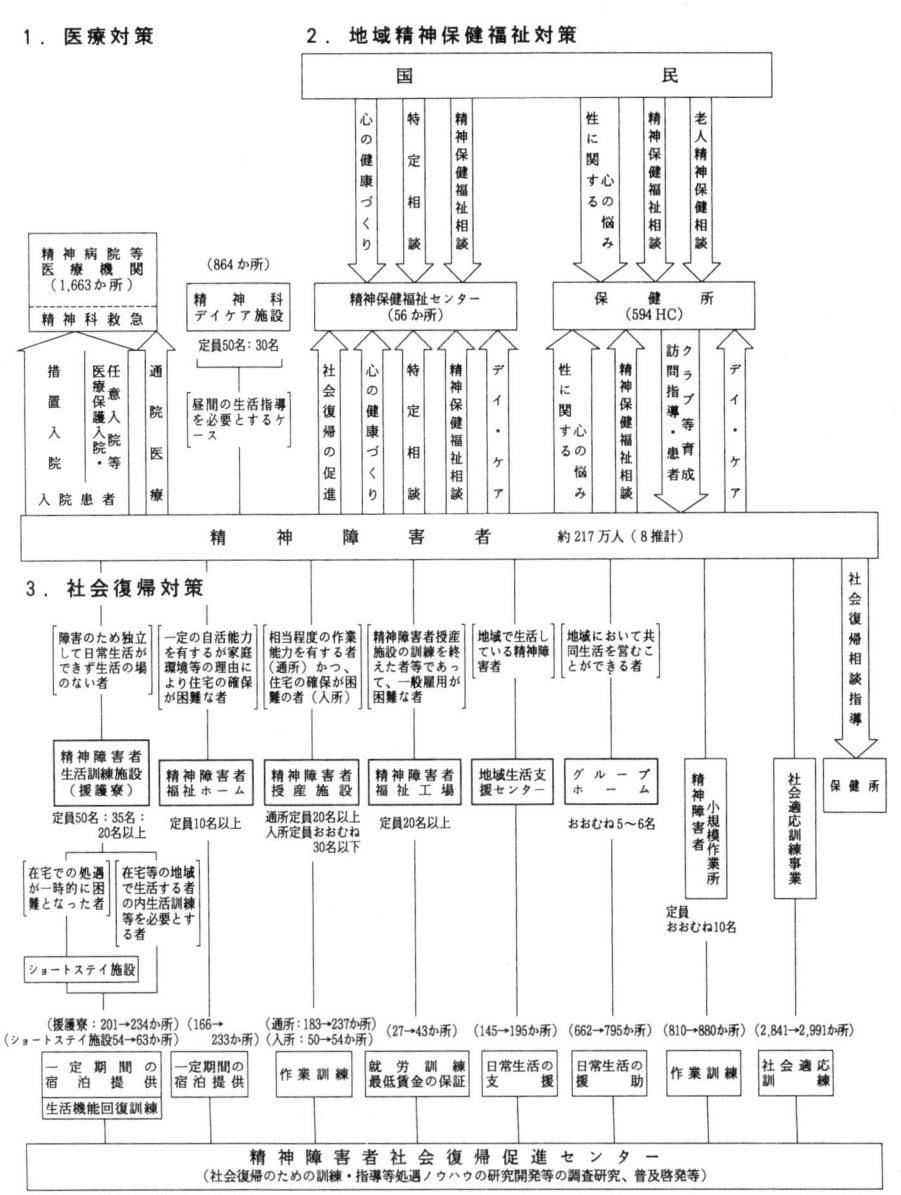

1. 医療対策　　2. 地域精神保健福祉対策

国　民

国民向け相談：心の健康づくり／特定相談／精神保健福祉相談／性に関する悩み／精神保健福祉相談／老人精神保健相談

- 精神病院等医療機関（1,663か所）
  - 精神科救急
  - 措置入院／任意入院・医療保護入院等／通院医療
  - 入院患者

- 精神科デイケア施設（864か所）
  - 定員50名：30名
  - 昼間の生活指導を必要とするケース

- 精神保健福祉センター（56か所）
  - 社会復帰の促進／心の健康づくり／特定相談／精神保健福祉相談／デイ・ケア

- 保健所（594 HC）
  - 性に関する悩み／精神保健福祉相談／訪問指導・患者育成／クラブ等／デイ・ケア

精 神 障 害 者　約217万人（8推計）

3. 社会復帰対策

対象者	施設
障害のため独立して日常生活ができず生活の場のない者	精神障害者生活訓練施設（援護寮）定員50名：35名／20名以上
一定の自活能力を有するが家庭環境等の理由により住宅の確保が困難な者	精神障害者福祉ホーム　定員10名以上
相当程度の作業能力を有するが、住宅の確保が困難な者（通所）かつ（入所）	精神障害者授産施設　通所定員20名以上　入所定員おおむね30名以下
精神障害者授産施設の訓練を終えた者であって、一般雇用が困難な者	精神障害者福祉工場　定員20名以上
地域で生活している精神障害者	地域生活支援センター
地域において共同生活を営むことができる者	グループホーム　おおむね5〜6名
	精神障害者小規模作業所　定員おおむね10名
	社会適応訓練事業

在宅での処遇が一時的に困難となった者／在宅等の地域で生活する者の内生活訓練等を必要とする者 → ショートステイ施設

社会復帰相談指導 → 保健所

（援護寮：201→234か所）（ショートステイ施設54→63か所）（166→233か所）（通所：183→237か所）（27→43か所）（145→195か所）（662→795か所）（810→880か所）（2,841→2,991か所）（入所：50→54か所）

一定期間の宿泊提供　生活機能回復訓練／一定期間の宿泊提供／作業訓練／就労訓練　最低賃金の保証／日常生活の支援／日常生活の援助／作業訓練／社会適応訓練

精神障害者社会復帰促進センター
（社会復帰のための訓練・指導等処遇ノウハウの研究開発等の調査研究、普及啓発等）

注）か所数等は、12年度予算ベース

出所）精神保健福祉研究会監修『我が国の精神保健福祉　（平成12年度版）』厚健出版　2000年　p.67

請は地方精神保健福祉審議会で判定を受けるが，年金証書の写しによる申請は判定を受けることなく手帳が交付される。手帳の有効期間は2年間で2年ごとに更新となる。手帳の名称は「障害者手帳」であり，病名や病院名は記載されず，写真も添付されない。ただ有効期限があるため，その日付が記載される。

この手帳の交付を受けることにより，①税制上の優遇措置としての所得税や住民税などの障害者控除，②通院医療費の公費負担制度の利用手続きの簡素化，③生活保護の障害者加算手続きの簡素化，④その他，公共施設の入場料や公共交通機関の運賃等の割引，公共料金の減免（これらはいずれも地方自治体の判断による）などのメリットがある。

市町村中心の在宅福祉施策の推進は，地域で生活する精神障害者の生活支援の充実強化のために重要とされ，そこで精神障害者居宅生活支援事業（精神障害者居宅介護等事業，精神障害者短期入所事業等）が市町村事業（2002（平成14）年度施行）として法定化された。いわゆるホームヘルプサービスとショートステイサービスである。そしてこれらのサービスを身体障害者福祉や知的障害者福祉の領域と同様に，市町村という地域単位できめ細かく提供していこうとするものである。

ホームヘルプサービスは，「精神保健福祉法」第50条の3の2第2項では「精神障害のために日常生活を営むのに支障がある者を対象とし，その者の居宅における食事，身体の清潔の保持等の介助その他の日常生活を営むのに必要な便宜であって厚生労働省令で定めるものを供与」するとされている。ここでは精神障害者にとって代表的なホームヘルプニーズである食事，清潔の保持の介助が例示され，比較的さほどのニーズではない入浴，排泄等の介護は省令での規定とされている。すなわち，これまで医療機関に入院していた精神障害者が，退院して社会の中で生活していくのに必要な社会復帰支援の方策としてホームヘルプサービスが位置付けられていることがわかる。こうした精神障害者のホームヘルプニーズに応えるべく，精神障害者についての保健や医療の知識を習得したホームヘルパーの養成が求められる。

ショートステイサービスは,「精神保健福祉法」第50条の3の2第3項では「精神障害者であって,その介護を行なう者の疾病その他の理由により,居宅において介護等をうけることが一時的に困難となった者につき,精神障害者生活訓練施設その他の厚生労働省令で定める施設に短期間入所させ,介護等を行なう」とされている。これまでショートステイサービスは都道府県事業として実施されていたが,これからは市町村事業として実施することになる。そして地域で生活する精神障害者が,その家族や本人の事情により居宅生活が一時的に困難になった場合に市町村が必要な社会復帰施設等を紹介し,サービス利用ができるように援助していくことになる。ただしサービス提供は市町村が行なうが,サービス提供施設の整備は都道府県が担当することになる。

(2) 社会復帰対策

リハビリテーションとノーマライゼーションの理念を基本として,1995(平成7)年12月に「障害者プラン～ノーマライゼーション7か年戦略～」が策定された。それは1996(平成8年)から2002年(平成14)年までの7ヶ年戦略であり,関係各省庁による具体的な施策の数値目標の提示など,画期的な計画である。

障害者プランにおける精神障害者施策は,精神障害者推定数154万人中,34万人の入院患者,そのうちの約3割を占める社会的入院患者の社会復帰推進のために,多様な展開が図られている。社会復帰をめざす精神障害者にとって,退院後の住居をどうするかという生活の場の確保,規則正しい生活を送るためにも大切な就労をどうするかという働く場の確保,社会参加や仲間との交わり,あるいはさまざまな相談をする所としての交流・相談の場の確保といった問題がある。これらの問題に対応すべく,障害者プランでは具体的な数値目標を掲げて社会復帰施設,社会復帰促進事業,医療施設の拡充整備につとめている(障害者プランの詳細は本書の第3章2.を参照すること)。

精神障害者の社会復帰施策の体系は図10-5のとおりである。社会復帰施設のひとつとして1999(平成11)年の法改正では精神障害者地域生活支援セン

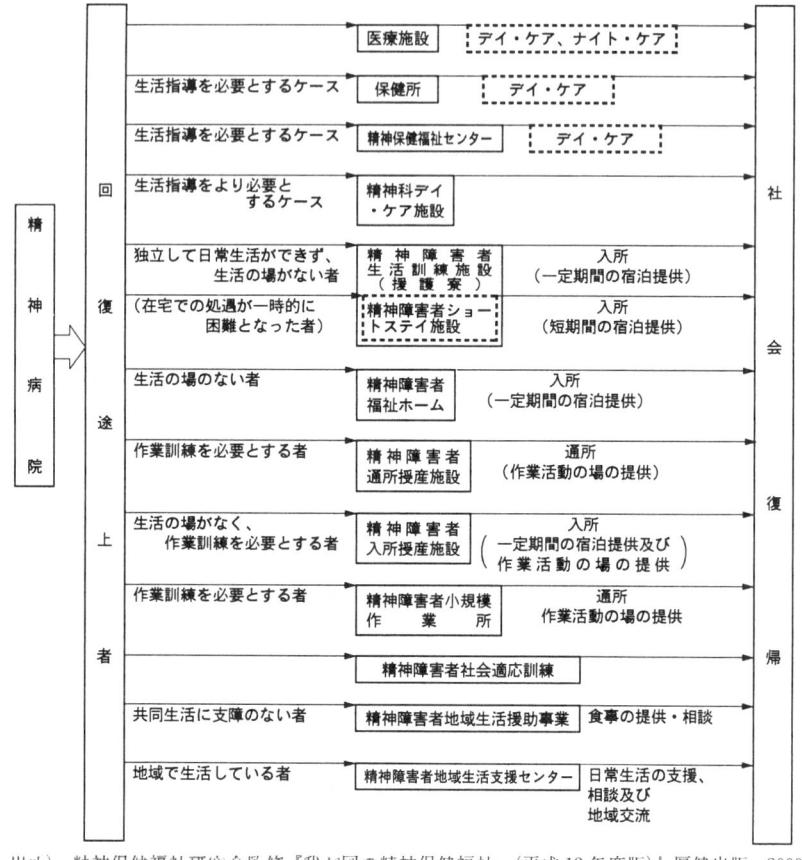

図 10-5　精神障害者社会復帰体系図

対象		施設・機関	機能
精神病院	回復途上者	医療施設	デイ・ケア、ナイト・ケア
	生活指導を必要とするケース	保健所	デイ・ケア
	生活指導を必要とするケース	精神保健福祉センター	デイ・ケア
	生活指導をより必要とするケース	精神科デイ・ケア施設	
	独立して日常生活ができず、生活の場がない者	精神障害者生活訓練施設（援護寮）	入所（一定期間の宿泊提供）
	（在宅での処遇が一時的に困難となった者）	精神障害者ショートステイ施設	入所（短期間の宿泊提供）
	生活の場のない者	精神障害者福祉ホーム	入所（一定期間の宿泊提供）
	作業訓練を必要とする者	精神障害者通所授産施設	通所（作業活動の場の提供）
	生活の場がなく、作業訓練を必要とする者	精神障害者入所授産施設	入所（一定期間の宿泊提供及び作業活動の場の提供）
	作業訓練を必要とする者	精神障害者小規模作業所	通所　作業活動の場の提供
		精神障害者社会適応訓練	
	共同生活に支障のない者	精神障害者地域生活援助事業	食事の提供・相談
	地域で生活している者	精神障害者地域生活支援センター	日常生活の支援、相談及び地域交流

（社会復帰）

出所）精神保健福祉研究会監修『我が国の精神保健福祉　（平成12年度版）』厚健出版　2000年　p.98

ターが法定化された。また 2002（平成 14）年 4 月 1 日からは精神障害者の社会復帰促進のために，福祉サービス利用のあっせん・調整業務が保健所長から市町村へ実施主体が移管されることになった。ここではこれら，①精神障害者地域生活支援センター，②市町村による精神障害者福祉サービス利用のあっせん・調整についてのべていきたい。

　精神障害者地域生活支援センターは，「精神保健福祉法」第 50 条の 2 第 6 項

に基づき「地域の精神保健及び精神障害者の福祉に関する各般の問題につき，精神障害者からの相談に応じ，必要な指導及び助言を行なうとともに，第49条第1項の規定による助言を行ない，併せて保健所，福祉事務所，精神障害者社会復帰施設等との連絡調整その他厚生労働省令で定める援助を総合的に行なうことを目的とする施設」として設置される。すなわち精神障害者地域生活支援センターは，精神障害者の社会復帰と社会参加の促進の拠点として，地域で生活する精神障害者の日常生活の支援，日常的な相談対応，精神保健福祉サービスに関する情報提供や地域交流活動などを行なっていく社会復帰施設である。

　この交流・相談の場としての精神障害者地域生活支援センターは，障害者プランでは人口30万人につき，おおむね2ヶ所（2002（平成14）年度までの整備目標は全国で650ヶ所）とされ，あたかも高齢者福祉領域における在宅介護支援センター，児童福祉領域における児童家庭支援センターと同様の役割を期待されている。またこの施設は社会福祉法上では，市町村の委託を受けての業務運営等という公共性の高さから第2種社会福祉事業として位置付けられ，その設置主体は主として社会福祉法人，医療法人等の民間事業者となる。またこの施設の業務は個人のプライバシーに深く関与することから「精神保健福祉法」第50条の2の2では「職員は，その職務を遂行するに当たっては，個人の身上に関する秘密を守らなければならない」として秘密保持義務を規定している。

　精神障害者福祉サービス利用のあっせん・調整については，「精神保健福祉法」第49条にあるように，これまで保健所がその役割を担ってきたが，2002（平成14）年4月1日以降は市町村が担うことになる。この移行の背景理由としては，福祉サービス利用の援助は本来，身近な地域で行なわれることが望ましいこと，一方では地域保健法により保健所の統廃合が進行し，その設置数が減少してきているためである。さらには在宅福祉サービス拡充の動きの中で，市町村が保健所よりも高齢者等の福祉サービスで社会福祉法人等との関係

が密接であることによる。

　この福祉サービス利用のあっせん・調整においては，①精神障害者に対する相談・助言の段階，及びその段階を経て，②市町村が実際にサービス利用のあっせん・調整を行なう段階，の2段階があるが，①の段階については市町村が地域生活支援センターに委託できるとされている。したがって市町村は地域生活支援センターの活用をつうじて，地域の精神障害者に対して，本人の希望に応じた適正なサービス利用を支援するシステムを確立することになる。もちろんこの支援システム確立のためには，広域的な調整が必要であり，保健所や都道府県による支援が不可欠となる。

　市町村は精神障害者に対する福祉サービス利用のあっせん・調整という役割を遂行していく上で，いわゆるケアマネジメント業務を担うことになる。これまで精神障害者福祉の領域では，社会復帰施設等の入所は実質的に利用者と施設との直接契約に基づいてなされてきた。しかし精神障害者の社会復帰の促進，契約や判断の困難な精神障害者への支援，必要な情報の入手，多様な社会資源の創出，それら社会資源の効果的・効率的な活用，地域ネットワークの形成などが要求されてくる中で，たんに個々の直接契約に任せるのではなく，契約関係のシステムを社会的に構築していくことが求められるようになったのである。そしてこのことがケアマネジメントの必要性を促進したのである。

　こうした中で，すでに1997（平成9）年には「精神障害者ケアガイドライン試案」が作成され全国15都道府県で試行されている。また1999（平成11）年1月の障害者関係3審議会合同企画分科会においては障害者ケアマネジメント導入について意見具申がなされている。そして2000（平成12）年4月1日からは「障害者ケアマネジメント体制整備推進事業実施要綱」に基づき各都道府県・指定都市において障害者ケアマネジメントの体制整備が進められている。いま市町村にとって，地域で生活する精神障害者に対して，保健・医療・福祉のサービスを一体的かつ効果的・効率的に提供していくためのケアマネジメント手法の確立やケアマネジャーの養成は重要かつ緊急の課題となっている。

4. 精神保健福祉における社会資源

(1) 精神障害者保健福祉に関わる専門職との連携

　精神障害者保健福祉においては，いくつかの専門職が医療・保健機関，社会復帰施設，小規模作業所などで，それぞれの専門性を生かしながら精神障害者に関わっている。たとえば精神科医は医学的視点，看護婦（士）は看護学的視点，臨床心理士は心理学的視点，保健婦は公衆衛生学的視点から精神障害者に関わる。これらに対して精神保健福祉士は，社会福祉学的視点から病気と障害による生活のしづらさをもつ生活者として精神障害者をとらえ生活支援していく。すなわち，精神科医や看護婦は医学モデルに立脚して関わっていくのに対し，精神保健福祉士は生活モデルに立脚して関わっていく。そしてこれらの専門職は相互に協働しながらそれぞれの責任を果たしていくことになる。

　これまで精神障害者への保健・医療・福祉の関わりは精神科医のリーダーシップにより推進されてきた。しかしこれからの精神障害者保健福祉は，サービスメニューの多様化とサービス提供機関の多元化により，いくつかの専門職が相互に連携・協働しながら関わっていくことがますます重要になってきている。すなわち病気と障害をもつ精神障害者の複合的ニーズに対して精神科医や看護婦（士）のみならず，コ・メディカルスタッフとよばれる関係専門職も協働しながらチームとして包括的，総合的，かつ全人的にサービス対応していくことが求められているのである。そこではすべての専門職が対等の関係であり，それぞれの専門性を尊重しながら，それぞれの専門性を発揮していくという相補的な関係が機能していくことになる。特にこうしたことは，ケアカンファレンスを通じて情報の共有化やケア計画の立案，ケアの実施等をしていく場合に大切となる。

　専門職の連携のあり方や方法についてのべていきたい。これらにはいくつかのタイプがある。まずチーム医療とチームアプローチである。チーム医療は医療機関内での連携であり，たとえば精神病院に入院している一人の患者に対

し，精神科医，看護婦（士），臨床心理士，作業療法士，精神保健福祉士等が全人的医療アプローチをめざして，共通理解の下にチームを組んで，他方ではそれぞれの専門性を生かしながらチームの一員として関わっていくものである。これに対しチームアプローチは広く生活問題を抱えるケースに対し，いろいろな機関の専門職や非専門職が連携して関わるものである。たとえば精神病院から退院し社会復帰してきた人に対し，病院の医師，看護婦（士），精神保健福祉士だけでなく，福祉事務所の生活保護ケースワーカー，保健所の精神保健福祉相談員，保健婦，セルフヘルプグループの仲間などが相互に連携・協働しながら関わっていく場合などがあてはまる。

次にコンサルテーションがある。これはよりよき支援のために，同一組織内の上級同一専門職者から助言・指導を受けるスーパービジョンに対応するものであり，他の領域の専門職者からより適切な助言・指導を受けるものである。たとえば，ある病院の係員である精神保健福祉士が，その組織の係長である精神保健福祉士に助言・指導を受ける場合はスーパービジョンであり，そこには上下関係の管理的機能が働く。ところが係員である精神保健福祉士が他の病院の臨床心理士や精神科医に助言・指導を受ける場合には，コンサルテーションとなる。

さらにケアマネジメントがある。これについてはさきにのべたように，多様かつ複合的なニーズに対し総合的かつ効果的・効率的にサービス対応するために重要となってきた技術である。そこでは協働と合議を特徴としてケアカンファレンスなどを通じて多職種がチームアプローチしていくことになる。そして精神保健福祉士はチームの調整者，ケアマネジャーとして機能していくことになる。

最後にネットワークがある。これはケアマネジメントにも深く関連するもので，地域の多様な社会資源（人・機関・施設・制度・知識等々）を柔軟かつ融通無碍に張りめぐらす網の目状の地域生活支援システムである。これにはフォーマル・インフォーマル・ボランタリーなネットワークがある。必要に応じて

これらのネットワークは離合集散をしていく。こうしたネットワークをいかに創り，調整し，活用していくかは精神障害者の社会復帰や生活支援を推進していく上で重要なことである。

なおこれらの連携を進めていく上では，精神障害者本人の意思を尊重し，できる限り本人参加を保障することとプライバシー保護に留意することはいうまでもないことである。

（2） 社会資源

精神障害者の地域生活支援に関わる社会資源についてのべていくことにする。なおさきにのべた社会資源については重複をさけるために詳述を省くこととし，全体的な体系については図10-4を参照していただきたい。

精神障害者の社会復帰施設には5種類があり，これらは第2種社会福祉事業として都道府県，市町村，社会福祉法人，医療法人等により設置される。すなわち，①精神障害者生活訓練施設（援護寮）（独立して日常生活が困難で生活の場がない人を対象とする20～50人規模の通過型の居住施設），②精神障害者授産施設（作業訓練が必要な人を対象とし，通所型と永住による入所型があり，20～30人規模の施設），③精神障害者福祉ホーム（生活の場がない人を対象とする10人規模の通過型の居住施設），④精神障害者福祉工場（就労困難な精神障害者に職を与え，最低賃金を保障する20人以上の規模の施設），そしてさきにのべた⑤精神障害者地域生活支援センターである。

これらのほかに社会復帰施設とは規定されていないが，「精神保健福祉法」第50条の3に基づく精神障害者地域生活援助事業（グループホームともよばれ，食事の世話等の日常生活における援助の提供と自立生活促進を目的とする1人の世話人と5～6人の精神障害者による永住型の共同生活事業）がある。1996（平成8）年の「公営住宅法」一部改正では，公営住宅をグループホームとして活用できるようになりニーズも高く，これからますます増大確保が求められる。

市町村事業として2002（平成14）年度から施行されるホームヘルプサービ

スやショートステイサービスの精神障害者居宅生活支援事業についてはさきにのべたとおりである。

また1995 (平成7) 年の「改正精神保健福祉法」では，精神障害者社会適応訓練事業 (通常の雇用契約が困難な人を対象として社会的自立を動機づけるために，一般の事業所において社会適応訓練等を行なう) が第50条の4として法定化されている。

さらに「精神保健福祉法」第51条の2では，精神障害者社会復帰促進センター (精神障害者の社会復帰の促進を図るための訓練および指導に関する研究開発を行なうこと等により精神障害者の社会復帰の促進を目的として設置される法人) について規定しており，財団法人全国精神障害者家族会連合会が厚生労働大臣から指定をうけ，精神障害者の社会復帰促進のための広報・啓発や研究・研修など多様な事業活動を行なっている。

参 考 文 献

精神保健福祉士養成セミナー編集委員会編『精神保健福祉士養成セミナー4 精神保健福祉論』へるす出版　1998年

岡上和雄・新保祐元・寺谷隆子編『精神保健福祉士の基礎知識　下』中央法規出版　1999年

日本精神保健福祉士協会編『精神保健福祉士受験ワークブック2001　専門科目編』中央法規出版　2000年

精神保健福祉研究会監修『改正精神保健福祉法の概要　改正事項の説明と検討の経緯』中央法規出版　1999年

精神保健福祉研究会監修『我が国の精神保健福祉 (平成12年度版)』厚健出版　2000年

ミネルヴァ書房編集部編『社会福祉六法2001』ミネルヴァ書房　2000年

第11章
精神保健福祉の関連施策

1. 雇用・就業

(1) 障害者の状況

ここでは，障害者数の全般的状況についてのべる。今日，わが国における障害者の内訳は次のようになっている。まず，身体障害者（18歳以上）数は308万7,000人（内訳は在宅：293万3,000人，施設：15万4,000人）（平成8年厚生省調査）。次に知的障害者は（18歳以上）は41万3,000人（内訳は在宅：29万7,000人，施設11万6,000人）となっている（平成7年厚生省調査）。また，精神障害者数（知的障害者を除く）は，現在217万人と推定されており内訳は表11-1のとおりである。

なお，これらの数値のうち身体障害者の増減をみると前回の調査（平成3年厚生省調査）では272万人（18歳以上，在宅）であったが，今回は21万3,000人の増加であるので前回比7.8％の増加となっている。また，精神障害者数を在院期間からみると，入院患者の在院期間は20年以上が16.5％，10～20年16.9％，5～10年が14.9％となっている（平成8年日本精神協会総合調査）。つまり，10年以上の在院が30％以上を占めていることになり，最近の一般疾病

表 11-1 精神障害者数

総数 217万人		
精神病院入院	社会復帰施設入所，グループホーム利用	在　宅
34万人	0.8万人	約182万人
	(内 通院公費負担医療患者数48万人)	

出所）　平成8年患者調査，2000年厚生省報告例等『障害者のための福祉2000』中央法規出版

の入院短期化傾向に比べて精神病患者の長期入院が問題となっている。この原因として，精神障害者の精神疾患の治療・回復の困難さと地域社会・家族の退院後の社会復帰（「理解」）に向けての受け入れ態勢の不備を指摘することができる。また，患者数も1984年と1996年を比較すると前者が119万5,000人に対して後者は216万7,000人（表11-1の総数217万は推定値として表されている），12年間で97万2,000人の増加となっている（『国民福祉の動向（2000年版）』）。なかでもそううつ病や神経症の増加が顕著である。これは，現代社会の特徴である高度情報化における個人のプライバシーの侵害等による生活者としての日常性の困難化状況が原因と考えられる。

（2） 障害者の就労形態

次に障害者全般の雇用状況をみることにする。一般的に障害者の雇用ならびに就労は，①一般雇用（就労），②福祉的就労，③在宅就労，の3つに分類することができる。その意味であるが，①一般雇用とは民間企業（一般の民間企業や一般の特殊法人）や，地方公共団体において障害者が雇用されることをいうが，その雇用は「障害者の雇用の促進等に関する法律」（1987）に基づいて促進されている。次に，②福祉的就労とは一般企業や国，地方公共団体に就労することが困難な重度の障害者に対して社会福祉施設が提供する就労形態をいう。最後に，③の在宅就労であるが，これは障害者が独立して事業を営むこ

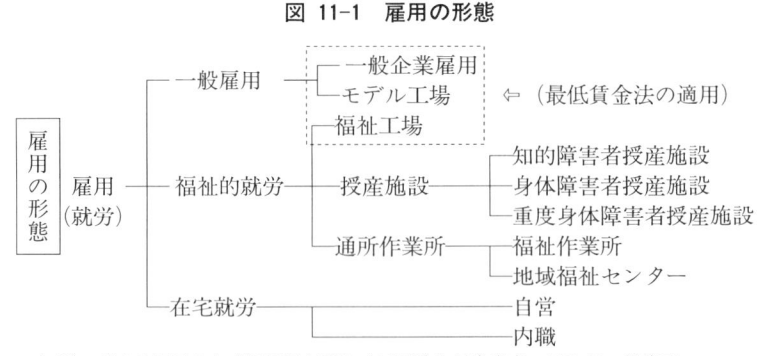

図 11-1 雇用の形態

```
                ┌─ 一般雇用 ──┬─ 一般企業雇用
                │             ├─ モデル工場     ← （最低賃金法の適用）
                │             └─ 福祉工場
雇用の形態 ─ 雇用 ─┤                    ┌─ 知的障害者授産施設
        （就労）  ├─ 福祉的就労 ─┬─ 授産施設 ─┼─ 身体障害者授産施設
                │              │            └─ 重度身体障害者授産施設
                │              └─ 通所作業所 ─┬─ 福祉作業所
                │                             └─ 地域福祉センター
                └─ 在宅就労 ──┬─ 自営
                              └─ 内職
```

出所） 社会資源研究会『福祉制度要覧（6訂版）』川島書店　1999年一部修正

とをいうが，その基本は私的努力によって達成される事業であって国や公的機関が実施する対策に該当しないのでここでは，在宅就労は除き，一般雇用と福祉的就労の2つに絞って説明する。

1) 一般雇用

障害者に関する生活水準の向上，雇用の安定，人間としての尊厳等を目標として掲げ，障害者の諸権利を定めたのが「障害者の権利宣言（Declation on the Right of Disabled Persons)」(1975年) である。その諸権利の項目の中に障害者の「雇用」保障の権利が謳われている。この雇用はわれわれが安定した社会生活を送るうえでもっとも基本的な必要条件のひとつである。ちなみに，岡村重夫は「社会生活の基本的要求」として以下の7つの項目の中に「職業的安定」をあげその重要性を指摘している。その内容は，①経済的安定，②職業的安定，③家族的安定，④保健・医療の保障，⑤教育の保障，⑥社会参加ないし社会的協同の機会，⑦文化・娯楽の機会（岡村重夫『社会福祉原論』全国社会福祉協議会　1983年）となっている。ところで，障害者の雇用の促進は既述したように「障害者の雇用の促進等に関する法律」に基づいて実施されているが，その「法定雇用率」（民間企業ならびに国，地方公共団体が障害者を雇用する一定の割合をいう）は一般の民間企業が1.8%，一定の特殊法人が2.1%，また，国，地方公共団体職員は2.1%，都道府県の教育委員会その他労働大臣の指定する教育委員会は2.0%となっている（1997年の法律改正によって法定雇用率がそれぞれ変更され，1998年7月1日より実施されることとなった。また同時に，重度身体障害者または重度知的障害者は，その1人の雇用をもって，2人の身体障害者または知的障害者を雇用しているとみなすことになった）。しかし，現実には，障害者の就労意欲に関わらず社会の偏見や受入れ体制の不備等もあってこの法定雇用率がすべての企業において達成されていないのが現状である。ちなみに2000年6月現在において法定雇用率（1.8%）を達成していない企業は全体の55.7%となっており，過去最高の割合である。その内訳をみると従業員56〜99人の企業は法定未達成率が52.3%（前年同期比1.3ポイント増加），

100〜299人の企業規模では同数値が53.9%（同0.5ポイント増）となっており，中小企業全般でみると昨年比法定未達成率が上昇している。この理由として，バブル経済崩壊後，大企業に比較して企業体力が脆弱なため不況の影響を被る割合が高く，その結果，企業活動の低調，企業再構築（リストラクチャリング），企業倒産等の状況を呈しているからである考えられる。一方，大企業の同状況をみると，500〜999人の企業で67.5%（同2.7%），1,000人以上の企業では74.5%（同2.5ポイント減）となっており，中小企業に比較して昨年より法定未達成率が減少している（労働省調査，2000年6月現在）。いずれにせよ，未達成率が55.7%と不名誉な数値は今後改善されなければならない。

ここで，一般雇用を民間企業（ア．一般の民間企業とイ．一般の特殊法人）と国，地方公共団体（ア．国，地方公共団体の機関とイ．都道府県の教育委員会）に分類してその状況についてみていきたい。まず，第1に民間企業の雇用状況についてとりあげる。最初に，ア．一般の民間企業（常用労働者数56人以上規模の企業）における雇用状況であるが，それを表11-2，表11-3から分析する。まず，前者であるが，ここで問題となるのは法定雇用率未達成の企業割合が55.3%も存在するということである。この数値は既述したように2000年6月時点に比較して若干上昇しているが，企業の約半数が法律を遵守していないことになる。こうした未達成の事業主（「法定雇用率」1.8%未達成の事業主）に対して法律の円滑な運用のため事業主の連帯責任を果たす見地からアンバランスを是正するため「障害者の雇用の促進等に関する法律」において法定雇用障害者数に対する1人当たり月額5万円を日本障害者雇用促進協会に納付する「障害者雇用納付金制度」が設けられている。

　このような厳しい雇用環境を少しでも改善するため，労働省と日本障害者雇用促進協会ならびに日経連障害者雇用緊急支援センターとの協同による障害者の理解と雇用機会の新たなる創出をめざす雇用関係のない1ヶ月の「職場実習」と3ヶ月間の有期契約である「トライアル雇用」（合計4ヶ月）をドッキングした計画が策定された。その計画とは継続雇用を目的とした「障害者緊急雇

第11章 精神保健福祉の関連施策

表 11-2 一般の民間企業における障害者の雇用状況

(平成11年6月1日現在)

法定雇用率	①企業数（企業）	②常用労働者数（人）	障害者の数(人)			③実雇用率 C÷②×100 (%)	④法定雇用率未達成企業の割合(%)
			A.重度障害者（常用）	B.重度障害者（常用）以外の障害者	C.計 A×2+B		
1.8%	61,113 〈57,202〉 (55,791)	17,108,973 〈16,878,540〉 (17,008,306)	65,366	123,830	254,562 〈249,920〉 (251,443)	1.49 〈1.48〉 (1.48)	55.3 〈49.7〉 (49.9)

(注) 1. 常用労働者数とは，常用労働者総数から除外率相当数（身体障害者および知的障害者が就業することが困難であると認められる職種が相当の割合を占める業種について定められた率を乗じて得た数）を除いた法定雇用障害者数の算定の基礎となる労働者数である。
2. A欄の「重度障害者（常用）」には短時間労働者の数は含まれていない。B欄の「重度障害者（常用）以外の障害者」には重度障害者である短時間労働者の数が含まれている。
3. 障害者の数とは，身体障害者と知的障害者の計である。A欄の重度障害者（重度身体障害者および重度知的障害者）については法律上，1人を2人に相当するものとしており，ダブルカウントを行っている。
4. 〈 〉内は今回の報告の集計対象範囲を63人以上規模とした場合の数値である。
5. ( ) 内は平成10年6月1日現在の数値である。
6. 法定雇用率については，平成10年6月30日までは1.6%である。

出所) 労働省職業安定局集計

表 11-3 特殊法人における障害者の雇用状況

(平成11年6月1日現在)

法定雇用率	①法人（法人）	②常用労働者数（人）	障害者の数(人)			③実雇用率 C÷②×100 (%)	④法定雇用率未達成企業の割合(%)
			A.重度障害者（常用）	B.重度障害者（常用）以外の障害者	C.計 A×2+B		
2.1%	92 (91)	74,499 (75,573)	297	926	1,520 (1,507)	2.04 (1.99)	31.5 (12.1)

(注) 表11-2と同じ。なお，法定雇用率については，平成10年6月30日までは1.9%である。
出所) 労働省職業安定局集計

用安定プロジェクト」(1998年11月) である。これは日本経営者団体連盟に委託という形をとって雇用対策が2001年3月末まで実施されることとなった。次に，イ．一定の特殊法人（公団，事業団等の特殊法人で常用労働者48人以上規模の法人）について触れていきたい。一定の特殊法人に適用されている法

定雇用率は現在 2.1％ となっている。この特殊法人における障害者の雇用状況は表 11-3 のとおりであるが，実雇用率は法定には及ばないが前年度の 1.99 に対して 2.04 と 0.55 ポイント微増している。この理由として，特殊法人は公共の利益のために設置されている特別法に基づいた法人であるため，一般民間企業に比較して景気の変動による影響をうけることが少なく一定の雇用率を確保できたと考えられる。

　第 2 は国，公共団体の雇用状況についてである。まず，雇用状況であるが，

表 11-4　国，地方公共団体における障害者の在職状況

① 国，地方公共団体の機関（法定雇用率 2.1％）

（平成 11 年 6 月 1 日現在）

区　分	①　職員数（除外職員除く）（人）	障害者の数（人）			②　実雇用率 C÷①×100（％）
		A. 重度障害者（常用）	B. 重度障害者（常用）以外の障害者	C. 計 A×2+B	
国 の 機 関	554,571 (558,751)	1,827	8,350	12,004 (11,986)	2.16 (2.15)
都道府県の機関	339,966 (343,692)	1,913	4,434	8,260 (8,233)	2.43 (2.40)
市町村の機関	883,612 (895,340)	5,042	11,459	21,543 (21,487)	2.44 (2.40)

② 都道府県等の教育委員会（法定雇用率 2.0％）

（平成 11 年 6 月 1 日現在）

区　分	①　職員数（除外職員除く）（人）	障害者の数（人）			②　実雇用率 C÷①×100（％）
		A. 重度障害者（常用）	B. 重度障害者（常用）以外の障害者	C. 計 A×2+B	
教 育 委 員 会	602,046 (607,676)	1,895	3,338	7,128 (7,009)	1.18 (1.15)

（注）1. A 欄の「重度障害者（常用）」には短時間勤務職員の数は含まれていない。B 欄の「重度障害者（常用）以外の障害者」には重度障害者である短時間勤務職員の数が含まれている。
　　　2. 障害者の数とは，身体障害者と知的障害者の計である。A 欄の重度障害者（重度身体障害者および重度知的障害者）についてはダブルカウントしてある。
　　　3. 法定雇用率 2.0％ が適用される機関とは都道府県の教育委員会および一定の市町村の教育委員会である。
　　　4. 法定雇用率 2.1％ が適用される機関とは上記 3 以外の機関である。
　　　5. （　）内は平成 10 年 6 月 1 日現在の数値である。
出所）労働省職業安定局集計

ア．国，地方公共団体の機関（法定雇用率2.1％）ならびにイ．都道府県等の教育委員会（法定雇用率2.0％）の両者をみてみると1999年6月1日現在，国，地方公共団体の機関においては雇用率がいずれも2.16％，2.43％，2.44％となっており，すべて法定雇用率をクリアーしていると同時にそれぞれ昨年の数値を上回っている。一方，都道府県等の教育委員会では同年の雇用率は1.18

図 11-2　障害者雇用施策の体系

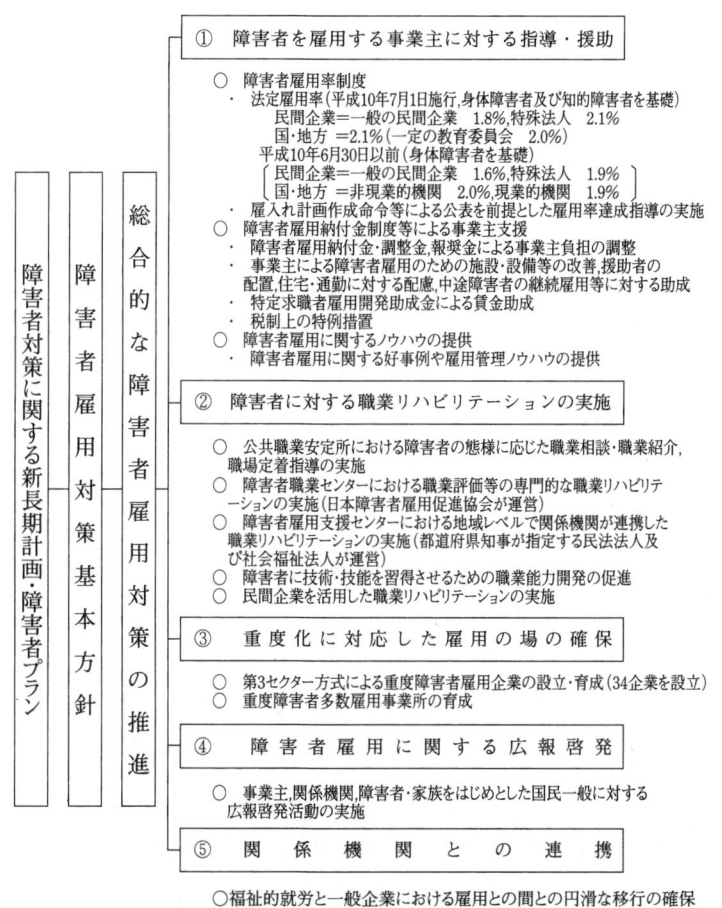

障害者対策に関する新長期計画・障害者プラン

障害者雇用対策基本方針

総合的な障害者雇用対策の推進

① 障害者を雇用する事業主に対する指導・援助
- 障害者雇用率制度
  - 法定雇用率（平成10年7月1日施行，身体障害者及び知的障害者を基礎）
    - 民間企業＝一般の民間企業　1.8％，特殊法人　2.1％
    - 国・地方＝2.1％（一定の教育委員会　2.0％）
  - 平成10年6月30日以前（身体障害者を基礎）
    - 民間企業＝一般の民間企業　1.6％，特殊法人　1.9％
    - 国・地方＝非現業的機関　2.0％，現業的機関　1.9％
  - 雇入れ計画作成命令等による公表を前提とした雇用率達成指導の実施
- 障害者雇用納付金制度等による事業主支援
  - 障害者雇用納付金・調整金，報奨金による事業主負担の調整
  - 事業主による障害者雇用のための施設・設備等の改善，援助者の配置，住宅・通勤に対する配慮，中途障害者の継続雇用等に対する助成
  - 特定求職者雇用開発助成金による賃金助成
  - 税制上の特例措置
- 障害者雇用に関するノウハウの提供
  - 障害者雇用に関する好事例や雇用管理ノウハウの提供

② 障害者に対する職業リハビリテーションの実施
- 公共職業安定所における障害者の態様に応じた職業相談・職業紹介，職場定着指導の実施
- 障害者職業センターにおける職業評価等の専門的な職業リハビリテーションの実施（日本障害者雇用促進協会が運営）
- 障害者就業支援センターにおける地域レベルで関係機関が連携した職業リハビリテーションの実施（都道府県知事が指定する民法法人及び社会福祉法人が運営）
- 障害者に技術・技能を習得させるための職業能力開発の促進
- 民間企業を活用した職業リハビリテーションの実施

③ 重度化に対応した雇用の場の確保
- 第3セクター方式による重度障害者雇用企業の設立・育成（34企業を設立）
- 重度障害者多数雇用事業所の育成

④ 障害者雇用に関する広報啓発
- 事業主，関係機関，障害者・家族をはじめとした国民一般に対する広報啓発活動の実施

⑤ 関係機関との連携
- 福祉的就労と一般企業における雇用との間との円滑な移行の確保
- 障害者に対する総合的な支援体制の整備

出所）総理府編『障害者白書（平成12年版）』2000年　p.341

%となっており法定雇用率2.0に届かないが昨年比では0.03ポイント上昇している（表11-4の①，②参照）。

なお，現在のわが国の障害者雇用施策の体系は，①障害者を雇用する事業主に対する指導・援助，②障害者に対する職業リハビリテーションの実施，③重度化に対応した雇用の場の確保，④障害者雇用に関する広報啓発，⑤関係機関との連携，となっている（図11-2参照）。

2）　福祉的就労
①　精神保健福祉法での就労施設

一般の民間企業や国，地方公共団体の機関に就職が困難な精神に障害のある者に対してその受け皿として存在するのが授産施設等である。この授産施設においては雇用労働者としての処遇はされないが，精神障害者福祉工場に就労した場合には労働法の適用がなされる。精神障害者に対する就業施設として「精神保健および精神障害者福祉に関する法律」（精神保健福祉法：1995年の精神保健法の一部改正による名称変更）に定められているものは，精神障害者授産施設ならびに精神障害者福祉工場の2つである。まず，精神障害者授産施設は「雇用されることが困難な精神障害者が自活することができるように，低額な料金で，必要な訓練を，および職業を与えることにより，その者の社会復帰の促進を図ることを目的とする」（同法第52条の2）とあり，作業訓練が目的となっている。これには精神障害者通所授産施設（1998年開始）と精神障害者入所授産施設（1991年開始）がある。まず前者は相当程度の作業能力を有する者を対象としており，定員は20名以下である。これに対して，後者は住宅の確保が困難な者を対象としており，定員は20〜30名となっている。次に精神障害者福祉工場であるが，「通常の事業所に雇用されることが困難な精神障害者を雇用し，および社会生活への適応のために必要な指導を行なうことにより，その者の社会復帰の促進および社会経済活動への参加の促進を図ることを目的とする施設とする」（同法第50条の2）とあるように就労訓練と最低賃金の保証をその目的としている。なお，定員は20人以上である。このような精神障害者

第11章 精神保健福祉の関連施策　179

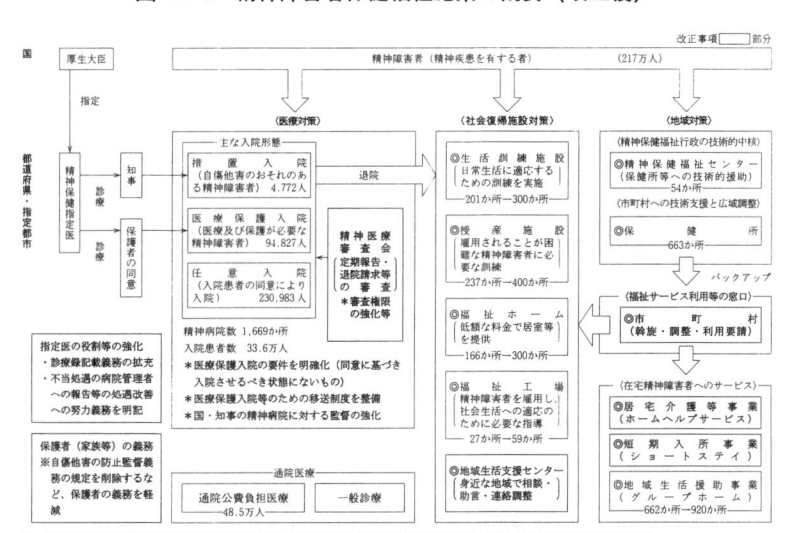

図 11-3　精神障害者保健福祉施策の概要（改正後）

出所）『社会福祉関係資料集18』全国社会福祉協議会　1999年

の授産施設や福祉工場での就労はけっして恵まれた環境（労働環境・賃金）にあるとはいえず，今後の整備が待たれるところである。なお，「精神保健及び精神障害者福祉に関する法律」の一部を改正（1999年6月）により授産施設が237ヶ所から400ヶ所へ，福祉工場が27ヶ所から59ヶ所に増加されることとなった（図11-3参照）。

② 小規模精神障害者作業所における就労

前記の精神障害者授産施設（通所・入所）や精神障害者福祉工場に適しない重度の精神障害のある人に対して地域における障害者団体等が援護事業として展開している法外の小規模作業所は平成9年度現在で全国に4,437ヶ所存在している（共同作業所連絡会調べ）。精神障害者のために家族会や地域の関係団体が小規模作業所を設立したのは1970年代からであるが，1999（平成11）年度現在助成をうけている精神障害者小規模作業所数は810ヶ所となっている。また，国からの運営費補助金は110万円となっている。なお，その数は平成12

表 11-5　小規模作業所の障害種別助成箇所数（平成 10 年度）

	身体障害者	知的障害者	精神障害者	合　計
助成箇所数	855	816	748	2,419

出所）　総理府編『障害者白書（平成 11 年度）』1999 年

年度予算によると 880 ヶ所に増加することになっている。

今後も多くの無認可小規模作業所に対する助成がされ認可作業所となることが望まれる。

2.　所得保障

(1)　年金制度

1)　年金の仕組み

精神障害者にとって所得保障のひとつである年金制度（社会保険）は重要な役割を果たしている。現在，わが国の年金制度の体系は図 11-4 のとおり 2 階建ての年金制度となっている。つまり，高齢化社会を控えてこれまでの 3 種 7 制度の年金制度による年金間の制度格差，財政の安定化，給付水準の適正化等を狙いとして 1985（昭和 60）年の年金制度改革が行なわれ，制度再編が断行された。これにより，1 階部分は全国民が加入する共通基礎年金となり，2 階部分に厚生年金や共済年金等が上乗せされた形態をとることとなった。この結

図 11-4　国民年金制度

		(3,296 万人) 厚生年金保険	(530 万人) 共済組合
国　民　年　金　（基礎年金）			
第 1 号被保険者 （自営業者等） ── 2,043 万人──	第 3 号被保険者 （サラリーマン の妻） ─ 1,182 万人─	第 2 号被保険者 （サラリーマン，公務員等） 3,826 万人	

(1993 年 3 月末現在)

表 11-6　年金給付一覧

給付の種類	国民年金の給付	厚生年金保険の給付
老齢給付	老齢基礎年金 25年の資格期間を満たした人が，65歳に達したときから支給。 ＊資格期間には，国民年金の保険料納付済期間のほか，厚生年金保険の被保険者期間，カラ期間などを含む。 ＊付加保険料納付済期間のある第1号被保険者（自営業者等）には，付加年金が支給される。	老齢厚生年金 厚生年金保険の被保険者だった人が，国民年金の老齢基礎年金の受給権を得たときに支給。 60歳代前半の老齢厚生年金 男子昭36.4.1・女子昭41.4.1以前生まれで，老齢基礎年金の資格期間を満たし厚生年金保険の被保険者期間が1年以上ある人に，60歳（生年月日に応じて61～64歳）から65歳になるまでの間に限って支給。
障害給付	障害基礎年金 初診日前に保険料納付済期間（免除期間を含む）が加入期間の3分の2以上ある被保険者が，1級または2級の障害に該当する障害者になったときに支給。	障害厚生年金 被保険者期間中に初診日のある傷病で，障害基礎年金に該当する障害が生じたときに支給。 障害基礎年金に該当しない障害の場合は，独自の障害厚生年金（3級）・障害手当金を支給。
遺族給付	遺族基礎年金 保険料納付済期間（免除期間を含む）が加入期間の3分の2以上ある被保険者または老齢基礎年金の資格期間を満たした人が死亡したとき，18歳到達年度の末日まで（障害者は20歳未満）の子のある妻，または同じ条件の子に支給。 上記のほかに，第1号被保険者（自営業者等）だけに支給される給付として，寡婦年金，死亡一時金がある。	遺族厚生年金 被保険者期間中に死亡するか，被保険者期間中に初診日のある傷病がもとで初診日から5年以内に死亡したとき，1・2級の障害厚正年金をうけられる人または老齢厚生年金の資格期間を満たした人が死亡したとき，その遺族に支給。遺族の範例は，子のある妻または子（遺族基礎年金と併せて支給），子のない妻，55歳以上の夫・父母など（支給開始は60歳）（独自の遺族厚生年金を支給）。

出所）『社会保険のてびき（平成12年版）』社会保険研究所　2000年

表 11-7 最近の主な年金額の動き

年　　度	平成6年度(改正)	平成7～9年度	平成10年度	平成11・12年度
老齢基礎年金	780,000 円	785,500 円	799,500 円	804,200 円
障害基礎年金（1級）	975,000 円	981,900 円	999,400 円	1,005,300 円
（2級）	780,000 円	785,500 円	799,500 円	804,200 円
遺族基礎年金	780,000 円	785,500 円	799,500 円	804,200 円
子の加算額				
（1人目・2人目）	各 224,400 円	各 226,000 円	各 230,000 円	各 231,400 円
（3人目以降）	各 74,800 円	各 75,300 円	各 76,700 円	各 77,100 円

出所）『社会保険のてびき（平成12年版）』社会保険研究所　2000年

果，制度間格差の是正と財政基盤の安定化が図られた。そして，翌年度より新年金制度がスタートした。

　ところで，国民年金（基礎年金）には，次の3つの種類がある。それは，①老齢基礎年金，②障害基礎年金，③遺族基礎年金となっている。また，厚生年金保険の上乗せ部分は，①老齢厚生年金，②障害厚生年金，③遺族厚生年金となっている。なお，それぞれの年金給付ならびに年金額の動きは表11-7，表11-8の通りである。次に精神障害者にとって大切な関係にある障害基礎年金と障害厚生年金・手当金についてのべる。

2）　障害基礎年金

　障害基礎年金が給付される条件として次のような基準が定められている（「国民年金法」第30条）。①被保険者であること（国民年金に加入している），②被保険者であった者で，日本国内に住所を有し，かつ，60歳以上65歳未満であること（国民年金の加入をやめた者で，その後，病気やけがになった60歳以上65歳未満の日本国籍を有する者），③障害等級は，1級および2級とする（障害認定日に1級か2級である者）となっている。また，障害認定日の算定は，障害の原因となった病気やけがのため医者にかかった日（初診日）から1年6ヶ月が経過した日，あるいは，病気やけがが治った（医学的に治癒した状態）日を基準にする。なお，平成12年度において障害基礎年金額（月額）1

表 11-8　障害等級表

障害の程度		障害の状態
〈1級〉	1	両眼の視力の和が0.04以下のもの
	2	両耳の聴力レベルが100デシベル以上のもの
	3	両上肢の機能に著しい障害を有するもの
	4	両上肢のすべての指を欠くもの
	5	両上肢のすべての指の機能に著しい障害を有するもの
	6	両下肢の機能に著しい障害を有するもの
	7	両下肢を足関節以上で欠くもの
	8	体幹の機能に座っていることができない程度又は立ち上がることができない程度の障害を有するもの
	9	前各号に掲げるもののほか，身体の機能の障害又は長期にわたる安静を必要とする病状が前各号と同程度以上と認められる状態であって，日常生活の用を弁ずることを不能ならしめる程度のもの
	10	精神の障害であって，前各号と同程度以上と認められる程度のもの
	11	身体の機能の障害若しくは病状又は精神の障害が重複する場合であって，その状態が前各号と同程度以上と認められる程度のもの
〈2級〉	1	両眼の視力の和が0.05以上0.08以下のもの
	2	両耳の聴力レベルが90デシベル以上のもの
	3	平衡機能に著しい障害を有するもの
	4	そしゃくの機能を欠くもの
	5	音声又は言語機能に著しい障害を有するもの
	6	両上肢のおや指及びひとさし指又は中指を欠くもの
	7	両上肢のおや指及びひとさし指又は中指の機能に著しい障害を有するもの
	8	1上肢の機能に著しい障害を有するもの
	9	1上肢のすべての指を欠くもの
	10	1上肢のすべての指の機能に著しい障害を有するもの
	11	両下肢のすべての指を欠くもの
	12	1下肢の機能に著しい障害を有するもの
	13	1下肢を足関節以上で欠くもの
	14	体幹の機能に歩くことができない程度の障害を有するもの
	15	前各号に掲げるもののほか，身体の機能の障害又は長期にわたる安静を必要とする病状が前各号と同程度以上と認められる状態であって，日常生活が著しい制限を受けるか，又は日常生活に著しい制限を加えることを必要とする程度のもの
	16	精神の障害であって，前各号と同程度以上と認められる程度のもの
	17	身体の機能の障害若しくは病状又は精神の障害が重複する場合であって，その状態が前各号と同程度以上と認められる程度のもの

（備考）　視力の測定は，万国式試視力表によるものとし，屈折異常があるものについては，矯正視力によって測定する。

出所）『社会保険の手引き（平成12年版）』社会保険研究所　2000年

級が8万3,775円，2級が6万7,017円となっている（ただし，障害基礎年金受給者に18歳未満の子どもがいる場合あるいは20歳未満の1，2級に該当する障害者がいる場合，同年度において1，2人目の子どもに対しては年額23万1,400円，そして，3人目以降の子どもに対しては7万7,100円（年額）が支給されることになっている）。

表11-9　3級―厚生年金保険

障害の程度	障害の状態
1	両眼の視力が0.1以下に減じたもの
2	両耳の聴力が，40センチメートル以上では通常の話声を解することができない程度に減じたもの
3	そしゃく又は言語の機能に相当程度の障害を残すもの
4	脊柱の機能に著しい障害を残すもの
5	1上肢の3大関節のうち，2関節の用を廃したもの
6	1下肢の3大関節のうち，2関節の用を廃したもの
7	長管状骨に偽関節を残し，運動機能に著しい障害を残すもの
8	1上肢のおや指及びひとさし指を失ったもの又はおや指若しくはひとさし指を併せ1上肢の3指以上を失ったもの
9	おや指及びひとさし指を併せ1上肢の4指の用を廃したもの
10	1下肢をリスフラン関節以上で失ったもの
11	両下肢の十趾の用を廃したもの
12	前各号に掲げるもののほか，身体の機能に，労働が著しい制限を受けるか，又は労働に著しい制限を加えることを必要とする程度の障害を残すもの
13	精神又は神経系統に，労働が著しい制限を受けるか，又は労働に著しい制限を加えることを必要とする程度の障害を残すもの
14	傷病が治らないで，身体の機能又は精神若しくは神経系統に，労働が制限を受けるか，又は労働に制限を加えることを必要とする程度の障害を有するものであって，厚生大臣が定めるもの

（備考）
1　視力の測定は，万国式試視力表によるものとし，屈折異常があるものについては，矯正視力によって測定する。
2　指を失ったものとは，おや指は指節間関節，その他の指は近位指節間関節以上を失ったものをいう。
3　指の用を廃したものとは，指の末節の半分以上を失い，又は中手指節関節若しくは近位指節間関節（おや指にあっては指節間関節）に著しい運動障害を残すものをいう。
4　趾の用を廃したものとは，第1趾は末節の半分以上，その他の趾は遠位趾節間関節以上を失ったもの又は中足趾節関節若しくは近位趾節間関節（第1趾にあっては趾節間関節）に著しい運動障害を残すものをいう。

出所）『社会保険の手引き（平成12年版）』社会保険研究所　2000年

表 11-10 障害手当金―厚生年金保険

1	両眼の視力が0.6以下に減じたもの
2	1眼の視力が0.1以下に減じたもの
3	両眼のまぶたに著しい欠損を残すもの
4	両眼による視野が2分の1以上欠損したもの又は両眼の視野が10度以内のもの
5	両眼の調節機能及び輻輳（ふくそう）機能に著しい障害を残すもの
6	1耳の聴力が，耳殻に接しなければ大声による話を解することができない程度に減じたもの
7	そしゃく又は言語の機能に障害を残すもの
8	鼻を欠損し，その機能に著しい障害を残すもの
9	脊柱の機能に障害を残すもの
10	1上肢の3大関節のうち，1関節に著しい機能障害を残すもの
11	1下肢の3大関節のうち，1関節に著しい機能障害を残すもの
12	1下肢を3センチメートル以上短縮したもの
13	長管状骨に著しい転位変形を残すもの
14	1上肢の2指以上を失ったもの
15	1上肢のひとさし指を失ったもの
16	1上肢の3指以上の用を廃したもの
17	ひとさし指を併せ1上肢の2指の用を廃したもの
18	1上肢のおや指の用を廃したもの
19	1下肢の第1趾又は他の4趾以上を失ったもの
20	1下肢の5趾の用を廃したもの
21	前各号に掲げるもののほか，身体の機能に，労働が制限を受けるか，又は労働に制限を加えることを必要とする程度の障害を残すもの
22	精神又は神経系統に，労働が制限を受けるか，又は労働に制限を加えることを必要とする程度の障害を残すもの

（備考）
1 視力の測定は，万国式試視力表によるものとし，屈折異常があるものについては，矯正視力によって測定する。
2 指を失ったものとは，おや指は指節間関節，その他の指は近位指節間関節以上を失ったものをいう。
3 指の用を廃したものとは，指の末節の半分以上を失い，又は中手指節関節若しくは近位指節間関節（おや指にあっては指節間関節）に著しい運動障害を残すものをいう。
4 趾を失ったものとは，その全部を失ったものをいう。
5 趾の用を廃したものとは，第1趾は末節の半分以上，その他の趾は遠位趾節間関節以上を失ったもの又は中足趾節関節若しくは近位趾節間関節（第1趾にあっては趾節間関節）に著しい運動障害を残すものをいう。

出所）『社会保険の手引き（平成12年版）』社会保険研究所　2000年

3) 障害厚生年金・障害手当金

障害厚生年金は被保険者期間中（厚生年金加入中）に病気やけがで障害が生じた場合に障害基礎年金（1級・2級）に上乗せ（年金制度の2階部分：図11-3参照）する形で支給される。たとえば、障害基礎年金1級を受給している場合、被保険者はそこに障害厚生年金の1級が上乗せされて支給される。また、2級の場合も同様である（障害厚生年金の1級・2級の障害等級表は障害基礎年金等級表（表11-8参照）と共通である。ただし、3級障害厚生年金ならびに障害手当金（3級より軽い場合）は厚生年金独自に定められたものである（表11-9, 10参照））。

なお、障害厚生年金3級ならびに障害手当金の受給要件は障害基礎年金の保険料納付要件（国民年金の保険料を納めていること）を満たしていることが必要となる。すなわち、厚生年金保険の加入者は同時に国民保険の第2号被保険であることが必要条件となる。

（2） 生活保護における障害加算

生活保護法の目的は生活に困窮するすべての国民に対して必要な保護を行ない最低生活の保障をするところにあるが、現在、保護の種類は、①生活扶助、②教育扶助、③住宅扶助、④医療扶助、⑤介護扶助、⑥出産扶助、⑦生業扶助、⑧葬祭扶助、の8種類に区分されている。そして、生活扶助において障害、老齢等によってより多くの経費を必要とする人びとに対する制度として「加算制度」（妊産婦加算、老齢加算、母子加算、障害者加算、在宅患者加算、放射線障害者加算、児童養育加算）が設けられている。

この中の障害者加算は、障害等級表の1級もしくは2級または国民年金法施行令別表に定める1級のいずれかに該当する障害のある者あるいは障害者等級表の3級、国民年金法施行令別表に定める2級のいずれか該当する者となっている（表11-11参照）。また、さらに日常生活において常時介護を必要とする者には別途介護加算が認められる。なお、精神障害者の場合は「精神障害者保健福祉手帳」1級、2級の所持者に加算が認められる。

表 11-11 障害者加算額（月額）

(2000年度現在)

		障害等級表の1級もしくは2級または国民年金法施行令別表1級	障害者等級表の3級または国民年金法施行令別表2級
在宅者	1 級 地	27,140 円	18,090 円
	2 級 地	25,250 円	16,830 円
	3 級 地	23,360 円	15,570 円
入院患者または社会福祉施設入所者		22,580 円	15,060 円

出所）全国社会福祉協議会編『生活保護手帳2000』全国社会福祉協議会

(3) 手当・災害補償

1) 手　当

　現在，重度障害者等対策として「特別児童扶養手当等の支給に関する法律」(1964)に基づく手当として，①特別障害者手当，②障害福祉児童手当，③特別児童扶養手当，④福祉手当（経過措置）がある。

①　特別障害者手当

　これは，20歳以上の重度（精神・身体）の在宅障害者（日常生活において常時介護を要する者）となっている。その目的は，重度の障害のために生じる特別な負担に対して，手当を支給することによって対象者の福祉の向上を図ることにある。また，実施主体は，都道府県・市および福祉事務所を設置する市町村となっている。支給額は平成12年度現在，1人につき月額2万6,860円となっており，毎年2月，5月，8月および11月に分けて支給される。ただし，施設入所者ならびに病院または診療所（一部除外施設あり）に継続して3ヶ月を超えて収容されている者，本人ならびに配偶者や扶養義務者の前年の所得が一定以上の場合は支給されない。なお，原子爆弾被爆者に対する特別措置によって介護手当を受給している者は支給額が調整される。

②　障害児福祉手当

　20歳未満の者で重度（精神・身体）の障害のため，日常生活において介護

を要する在宅の20歳未満の者で，都道府県・市町村ならびに福祉事務所を管理する町村長の認定をうけた者が支給の対象となる。なお，施設や病院に入所，入院（継続して3ヵ月以上）している場合，また本人ならびに扶養義務者の前年の所得が一定以上の場合は支給されない。平成11年4月より支給額は1人につき月額1万4,610円となっている。

③　特別児童扶養手当

この制度の目的は，精神または障害を有する児童を扶養している者に対して手当を支給することによって福祉の増進を図るところにある。受給手続きは都道府県知事の認定をうけるが，申請，届けの書類等の手続きは市長村長を経由して提出する。支給要件として20歳未満の障害児で障害の程度が1級あるいは2級となっている。なお，手当は平成12年度現在，障害の程度が1級に該当する者で月額1人につき5万1,550円，2級に該当する者が1人当たり3万4,330円となっており，その手当は障害児を監護する父母または児童を養育する者に支給される（ただし，所得制限あり）。

④　福祉手当（経過措置分）

この制度は「特別児童扶養手当等の支給に関する法律」に基づいて1975（昭和50）年に設けられた「福祉手当」制度は20歳以上の重度の障害をもつ者に支給されるものであったが，1986（昭和61）年より，国民年金法等に障害基礎年金が設けられることに歩調を合わせるため在宅の20歳以上の重度障害者に対して特別障害者手当が創設されることとなった。その際，障害者基礎年金ならびに特別障害者手当が支給されない者に対して引き続き支給要件に該当する期間に限って支給される。なお，その支給額は平成12年度で1人当たり月額1万4,610円となっている。

2）災害補償

労働災害補償保険（通称，労災保険）の保険事故として，①業務災害（労働者の業務上の負傷，疾病，障害，死亡）と，②通勤災害（労働者の通勤上の負傷，疾病，障害，死亡）に分類されている。前者の給付として，ア．療養

補償給付，イ．休業補償給付，ウ．障害補償給付（障害年金，障害補償一時金），エ．遺族補償年金（遺族補償年金，遺族補償一時金），オ．葬祭料，カ．傷病補償金，キ．介護補償給付等がある。一方，後者には，ア．療養給付，イ．休業給付，ウ．障害給付（障害年金・障害一時金），エ．遺族給付（遺族年金・遺族一時金），オ．葬祭給付，カ．傷病年金，キ．介護給付等がある。手続きは「障害（補償）給付支給請求書」（様式），障害特別支給金・障害特別年金・障害特別一時金支給申請書（様式）等に医師の診断書等を揃えて労働基準監督署に提出することになっている。なお，この他の災害補償として戦傷病者に対する補償等がある。

3. 経済負担の軽減

障害者に対する税金の控除は個々の経済的負担の軽減につながるが，そのことによって障害者の自立を促進することにもなる。障害者の基本立法である「障害者基本法」(1993) 第2条によれば，「障害者」とは身体障害者，知的障害者または精神障害者と規定しており，「心身障害者対策基本法」(1970) の法改正である同法によって新たに加えられた精神障害者の福祉対策が策定されることとなった。しかし，障害者に関する雇用（就労）の唯一の法的保護である「障害者の雇用の促進に関する法律」において精神障害者は，雇用の面において厳しい状況に立たされており，精神障害者にとって自立への途が実質的に閉ざされているといえる。「障害者基本法」の第1条（目的）には「障害者の自立と社会，経済，文化その他のあらゆる分野の活動への参加を促進すること」と高々と目的を掲げている。また，同法第23条にも「経済的負担の軽減」や「障害者の自立の促進」が掲げられている。今日のわが国の社会福祉理念と目的はノーマライゼーションと自立支援ならびに自由最大化状況に基づく[1]ものであるが，それらを成就するためには「生活の質」(QOL)——生活者自身の質，生活者周辺の環境の質——の向上が必要となる。そこで現在，障害者に対する経済的軽減措置が大切となる。措置についてのべることにする。

(1) 税制における控除

1) 所得税の障害者控除

　ここでは障害者の税制控除について明らかにするが，まず，障害者に対する所得税控除について説明する。これは，①障害者控除・特別障害者控除，②同居特別障害配偶者控除・同居特別障害者扶養控除とに分類される。その内容は，①所得者本人またはその控除対象配偶者もしくは扶養親族が障害者である場合，所得金額から次の金額を控除される。

　ア．障害者（3～6級）の場合（1人）→ 27万円

　イ．特別障害者（1～2級）の場合（1人）→ 40万円

　②同居している扶養親族または控除対象配偶者が，特別障害者である場合，通常の扶養控除あるいは配偶者控除にさらに加算して35万円が所得金額から控除される（確定申告の場合は税務署，源泉徴収の場合は勤務先の給与担当課）。

2) 住民税の障害者控除

　障害者の住民税控除には次の4つがある。それは，①障害者控除，②特別障害者控除，③障害者等の非課税限度額，④同居特別障害者扶養控除等である。

　その内容は，①納税義務者または同居している配偶者，扶養親族が障害者（3～6級）である場合，障害者1人につき26万円が控除される。②納税義務者または同居している配偶者や扶養義務者が特別障害者（1～2級）である場合は1人につき30万円が控除されることとなっている。③障害者，未成年者，老年者または寡婦で所得額が125万円以下の者については住民税における所得割は課されないことになっている。④同居している配偶者や扶養者が特別障害者に該当する場合，配偶者または扶養者控除に代えて56万円を所得金額から控除される（いずれも窓口は区・市役所あるいは町村役場）。

3) 相続税の障害者控除

　障害者が相続によって財産を取得した場合，本人が70歳になるまでの年数

に6万円（ただし，特別障害者の場合は12万円）を乗じた金額を税額から控除される（窓口は税務署）。なお，その内容は以下のとおりである。

① 障害者控除＝(70－相続時の満年齢数)×6万円
② 特別障害者控除＝(70－相続時の満年齢数)×12万円
4) 贈与税の非課税（特別障害者扶養信託契約）

特別障害者扶養信託契約（特別障害者の背に日常生活の安定化を図るため，扶養親族や篤志家が財産を特別障害者に贈与する場合，信託銀行に財産を信託し，銀行がそれを運用することによって特別障害者の生活費等を金銭によって支払うことを内容とした契約）した場合，相続の6,000万円までは贈与税がかからないシステムをいう（問い合わせは税務署か信託銀行）。

(2) 生活福祉資金貸付制度

この制度は低所得者や障害者や高齢者世帯に対して無利子あるいは低金利で資金を貸し付けることによって，必要な援助を行ない自立促進の助長を図ることを目的としている。障害者に対する貸付制度としての種類と内容は次のようになっている。

① 障害者更生資金
　ア．生業費：141万円以内（特別460万円以内），償還期間：9年以内
　イ．支度費：10万円以内，償還期間：8年以内
　ウ．技能修得費：月5万円以内（特別62万円以内），償還期間：8年以内
② 福祉資金（利率年3％）
　ア．障害者等福祉資金：75万円以内，償還期間：6年以内
　イ．障害者自動車購入資金：205万円以内，償還期間：6年以内
　ウ．中国残留邦人等国民年金追納資金：342万円以内，償還期間：10年以内

（以上，①②の数字はいずれも平成12年度現在である）

償還は6ヶ月から1年の据置期間の後始まる。また，窓口は，市町村社会福祉協議会（民生委員でも可）となっている。

(3) その他（料金の割引・減免）

ここでは，税制や生活福祉資金貸付制度によらない障害者に対する主たる料金の割引，減免についてのべたい。

1) 料金の割引

① 航空運賃割引

日本航空，全日本空輸，日本エアシステム，エアーニッポン等の運賃において障害者本人は25％引き（介護者については，障害者本人が重度の場合25％引き）窓口は各航空会社または福祉事務所となっている。

② 放送受信料の減免

身体障害者あるいは重度の知的障害者のいる世帯や社会福祉施設はNHKの受信料が免除される。なお，窓口はNHKとなっている。

③ 郵便料金の減免

点字郵便物，盲人用点字小包郵便物，心身障害者用書籍小包郵便物，身体障害者団体等が発行する定期刊行物等の郵便物は減免される。

④ NTTの番号案内料の免除

視覚障害1～6級，肢体不自由（上肢，脳性マヒ）1，2級の身体障害者等が番号案内を利用した場合無料となっている。申し込みはNTTとなっている。

⑤ 生活保護の通行料金の割引

身体障害者本人が自動車を運転する場合，または重度の身体あるいは知的障害者が同乗し，介護者が車を運転する場合に有料道路の通行料金が割引（5割引き）される。なお，手続きは福祉事務所あるいは市町村役場で行なう。

4. 住環境の改善と地域生活支援

(1) 住宅・住環境の整備・改善

まず，住宅問題であるが，障害者にとって自立の促進ならびに生活の質（QOL）の向上を図るためにも住宅・住環境の整備・改善は重要な課題となっている。「障害者基本法」(1998)の第22条（住宅の確保）では「国および地

方公共団体は，障害者の生活の安定を図るため，障害者のための住宅を確保し，および障害者の日常生活に適するような住宅の整備を促進するよう必要な施策を講じなければならない」と，障害者の住宅確保について明記している。このような国ならびに地方公共団体の責務が定められているにも関わらず，障害者，なかでも精神障害者に対する住宅確保は困難となっている。すなわち，「公営住宅法の一部を改正する法律の施行について」(1980)において，身体障害者等の単身入居の途は開かれたが，精神障害者の入居は閉ざされたままであった（身体上または精神上いちじるしい欠陥があるために常時の介護を必要とする者は除く）。しかし，その後「公営住宅法の一部を改正する法律等の施行に伴う関係通知」(1996)によって，社会福祉法人が一定の条件のもとで公営住宅を使用することが可能となり，グループホーム（精神障害者地域生活援助事業）が公営住宅施策の一環として位置づけられることとなった。また，翌年の1997（平成9）年にはシルバーハウジング（公営住宅）において事業体の長の認可のもとで障害者世帯（①障害者単身世帯，②障害者のみの世帯，③障害者と高齢者（60歳）または高齢者夫婦のみからなる世帯）の入居が可能となった。このように障害者に対する住宅施策は徐々に改善されて来ているが，まだまだ障害者の住宅困窮度が高い今日，より抜本的な住宅整備計画を整備，推進することが必要である。

　一方，住環境に目を向けると1994（平成6）年度より，厚生省は「障害者や高齢者にやさしいまちづくり推進事業」のもとで，①「やさしいまちづくり総合計画推進事業」と，②「障害者等生活環境整備事業」を推進している。

　また，建設省も同年度より，「福祉の街づくりモデル事業」を改組して「人にやさしいまちづくり事業」を展開している。そして，1997（平成9）年3月には厚生省と建設省連名で「福祉のまちづくり計画策定」の手引書を策定した。このような計画の延長線上の具体的施策として，2000（平成12）年5月に「高齢者や身体障害者等の公共交通機関を利用した移動の円滑化の促進に関する法律」（通称「交通バリアフリー法」）が制定された。これによって1日の乗降

表 11-12　公営住宅等の障害者世帯向け住宅建設戸数

年　度	公営住宅建設戸数	公団住宅の優遇措置戸数			住宅金融公庫の割増貸付戸数
		賃　貸	分　譲	計	
平成元年度	276	3,268	794	4,062	1,706
2	270	2,665	684	3,349	2,226
3	324	2,014	608	2,622	2,030
4	336	2,088	221	2,309	1,940
5	400	2,096	217	2,313	2,202
6	320	1,658	796	2,454	2,564
7	284 *	2,532	572	3,104	1,089
8	255 *	3,146	442	3,588	2,205
9	226 *	3,198	485	3,683	1,385

(注)　1　＊印は見込み戸数
　　　2　公団住宅の優遇措置戸数には，高齢者及び高齢者を含む世帯等に対する優遇措置戸数を含む（空家募集分を含む）。
　　　3　優遇措置の内容としては，当選率を一般の10倍としている。
　　　4　住宅金融公庫の割増貸付戸数は，マイホーム新築における障害者同居住宅工事の推計値。
資料：建設省調べ

資料）　建設省調べ
出所）　総理府編『障害者白書（平成11年版）』1999年

客が5,000人以上の駅を新築する場合，あるいは大規模に改築する場合，新たにエレベーターの設置が義務づけられた。

　この法律の制定に伴って障害者をはじめ老人あるいは妊産婦や重量物携帯者，そして，病人等の「移動困難者」が行動しやすくなった。こうした施策は障害者等の移動の自由を保障すると同時にすべての人にやさしいまちづくりをより一層推進することに繋がるのである。

(2)　精神保健法のもとでのケアが提供される居住施設

　現在，「精神保健法」のもとで精神障害者に対するケアが提供される居住施設（社会復帰施設ならびに精神障害者地域生活援助事業）として次のようなものがある。

1)　精神障害者生活訓練施設（援護寮）（おおむね20人）

　この施設は家庭において日常生活を営むのに支障がある精神障害者が日常生

活に適応することができるように，低額な料金で，居室その他の施設を利用させ，必要な訓練および指導を行なうことにより，その者の社会復帰の促進を図ることを目的とするものである（利用期間2年以内）。なお，その施設数（1998年現在）149ヶ所，定員3,084名となっている。

2）精神障害者福祉ホーム（おおむね10人）

このホームは現に住居を求めている精神障害者に対し，低額な料金で，居室その他の設備を利用させるとともに，日常生活に必要な便宜を供与することにより，その者の社会復帰の促進および自立の促進を図る施設である（利用期間2年以内）。なお，その施設数（同年現在）99ヶ所，定員1,000名となっている。

3）グループホーム（おおむね5～6人）

このグループホームは精神障害者地域生活援助事業に基づくもので，地域において共同生活を営むのに支障のない精神障害者につき，これらの者が共同生活を営むべき住居において食事の提供，相談その他の日常生活上の援助を行なう。以上が精神保健法の下での居住施設であるが，同法以外の障害者居住施設として生活保護法における救護施設あるいは更生施設がある。

（3）地域生活支援

地域で生活する精神障害者をケアする施設として精神障害者地域生活センターがある。このセンターの役割は精神障害者からの相談に応じて必要な指導および助言を行なうとともに保健所，福祉事務所，精神障害者社会復帰施設等との連絡・調整その他，厚生労働省令で定める援助を総合的に行なうところにある。

注）
1) ホームヘルパー養成研修テキスト作成委員会『援助の基本的視点と保健福祉の制度（2000年度）』（2級課程・第1巻）長寿社会開発センター　p.3

参 考 文 献

総理府編『障害者白書（平成11年版）』大蔵省印刷局　1999年
障害者福祉研究会編『障害者のための福祉2000』中央法規出版　2000年
総理府障害対策推進本部担当室『障害者施策の基本』中央法規出版　1995年
厚生省監修『厚生白書（平成12年版）』ぎょうせい　2000年
『社会保険の手引き（平成12年版）』社会保険研究所　2000年
児島美都子・成清美治・村井龍治編『障害者福祉概論』学文社　1999年

索　引

あ　行

ICIDH　1, 20, 23, 25
アジア太平洋障害者の10年　45
アセスメント　120, 125, 128
アドヴォケイト　98
アドボカシー　73, 116
医学的リハビリテーション　13
意識上の障壁　102
依存による自立　10
居場所づくり　127
医療法　150
医療保護入院　136
岩倉村　85
インフォームド・コンセント　71, 79
上田モデル　21
ヴォルフェンスベルガー, W.　9
ADA法　7, 11
ADL　16
NPO法人　130
エンパワメント　98, 115
応急入院　137

か　行

介護保険法　149
家族会　58
家族教室　58
活動と参加　28
仮入院　137
環境因子　23, 29
キーパーソン　114
危機介入　122
企業再構築　174
危険を負う自由　11
機能障害　1, 20, 21
キャノン, I.M.　90

キャボット, R.C.　90
QOL（生活の質）　15
救護法　4
教育的リハビリテーション　14
緊急措置入院　136
グループホーム　59, 125
グループワーク（集団援助）　123
呉秀三　75
軍事救護法　4
ケアマネジメント　166
警察官職務執行法　151
ケースワーク（個別援助）　119
ゲール　85
欠格条項　82
権利擁護　68, 75
権利擁護事業　82
後見人　135
公衆衛生審議会　143
交通バリアフリー法　193
公費負担制度　157
高齢者保健福祉推進10カ年戦略（ゴールドプラン）　45
国際障害者年　1, 6, 44
国際障害者年行動計画　1
国際障害分類　1, 20, 24, 26
国民年金及び厚生年金法　150
国連原則　69
国連・障害者の10年　45
個人因子　24
コミュニティケア　9
コミュニティワーク（地域援助）　127
コ・メディカルスタッフ　167
コロニー　41
コンサルテーション　168
災害補償　187

さ行

サルペトリオール病院　85
CO　128
自己決定による自立　10
施設コンフリクト　60
私宅監置　86
恤救規則　4
指定病院　135
児童福祉法　149
社会参加　42
社会事業婦　91
社会的障壁　81, 101
社会的自立　47
社会的不利　1, 20, 23
社会的リハビリテーション　13
社会福祉基礎構造改革　114
社会福祉士　144
社会福祉法　147
社会復帰施設　109, 141
社会復帰対策　163
障害児福祉手当　187
障害者基本法　6, 30, 39
障害者控除　191
障害者雇用納付金制度　174
障害者対策に関する長期計画　44
障害者の権利宣言　173
障害者の就労形態　172
障害者の状況　171
障害者プラン　7, 44, 62, 163
ショートステイサービス　163
職業的リハビリテーション　14
所得税法　151
自立生活　10
自立生活運動　10
自立生活プログラム　11
親権者　135
心身機能　28
心身障害者対策基本法　38
身体構造　28
身体障害者障害程度等級表　30
身体障害者福祉審議会　44
身体障害者福祉法　5, 30
新長期計画　46
審判　142
スティグマ　67
生活のしずらさ　55, 96
生活福祉資金貸付制度　191
生活保護法　148
精神医療審査会　77, 134
精神衛生法　76
精神科（精神医学）ソーシャルワーカー
　89, 98, 152
精神障害者居宅生活支援事業　170
精神障害者社会適応訓練事業　170
精神障害者社会復帰促進センター
　139
精神障害者授産施設　169
精神障害者小規模作業所　179
精神障害者生活訓練施設（援護寮）
　169
精神障害者地域生活支援センター
　165, 169
精神障害者の概念　52
精神障害者の主体性　106
精神障害者の定義　133
精神障害者福祉工場　169
精神障害者福祉ホーム　169
精神障害者保健福祉手帳　134, 139, 160
精神障害の特性　34
精神病院　49
精神病院法　87
精神病者監護法　5, 86
精神病者の保護及び精神保健ケア改善のための諸原則（国連原則）　69
精神保健及び精神障害者福祉に関する法律（精神保健福祉法）　7, 52, 77,

132, 153
精神保健指定医　134
精神保健福祉士　90
精神保健福祉士の意義　91
精神保健福祉士の業務　53
精神保健福祉士の対象　95, 143
精神保健福祉士の倫理　98
精神保健福祉士法　53, 142
精神保健福祉センター　88, 133
精神保健福祉相談員　140
制度的障壁　101
成年後見制度　80
セルフ・アドボカシー　116
セルフヘルプ・グループ　115
全国精神障害者家族会連合会　58
相談援助活動　110
相談援助活動の場面　110
相談指導　140
ソーシャル・アドミニストレーション　130
ソーシャルサポート・ネットワーク　131
組織化　130
措置入院　136

た　行

大都市特例　142
脱施設化　10
WHO　20, 23
地域社会　59
地域保健法　149
地域リハビリテーション　14
チームアプローチ　168
知的障害者福祉法　6, 31, 148
地方精神保健福祉審議会　134
中央社会福祉審議会　44
通院医療　136
DSM—Ⅳ　33
特別児童扶養手当　188

特別障害者手当　187

な　行

日本医療社会事業協会（MSW協会）　91
日本精神医学ソーシャルワーカー協会　91
ニルジェ，B.　8
任意入院　135
認知障害　54
ネットワーク　168
年金制度　180
能力低下　1, 20
ノーマライゼーション　7, 61, 89

は　行

パターナリズム　80
塙保己一　3
バリアフリー　9
パレンス・パトリエ　68
バンク—ミケルセン　8
ビアーズ，C.W.　87
ピア・カウンセリング　116, 123
ビセートル精神病院　85
ピネル，P.　85
秘密保持義務　141, 146
福祉手当　188
福祉的就労　178
福助思想　3
物理的障壁　101
文化・情報面の障壁　102
ペイシャント・アドボカシー（患者権利擁護制度）　74
法定雇用率　173
ホームヘルプサービス　45, 59, 133, 162
保護者　135
保佐人　135
ボランティア活動　61

ポリス・パワー　67

ま　行

マイヤー，A.　91
マサチューセッツ総合病院　90
民法　145

や　行

ユニバーサルデザイン　9

ら　行

リースマン，F.　116
リハビリテーション　11
療育手帳　31
レスパイトケア　17
老人福祉法　148
老人保健法　149
ロバーツ，E.　11

編者紹介

成清美治（なりきよ・よしはる）
1944 年　兵庫県生まれ
1985 年　龍谷大学大学院文学研究科修士課程修了
現　在　神戸市看護大学教授
著　書　『地域福祉概論』（共編）学文社　2001
　　　　『現代社会福祉用語の基礎知識』（編集代表）学文社　2001
　　　　『新版・社会福祉の基礎』（共著）八千代出版　2001
　　　　『私たちの社会福祉法』（共著）法律文化社　2001　など

加納光子（かのう・みつこ）
1944 年　大阪府生まれ
1993 年　同志社大学大学院文学研究科修士課程修了
現　在　武庫川女子大学教授
著　書　『介護福祉学入門』（共著）中央法規出版　2000
　　　　『地域福祉論』（共著）学文社　2001
　　　　『現代社会福祉用語の基礎知識』（編集代表）学文社　2001
　　　　など

| 精神保健福祉概論 | 2001 年 10 月 10 日　第一版第一刷発行 |

編著者　成　清　美　治
　　　　加　納　光　子
発行所　㈱学　文　社
発行者　田　中　千津子
　　　　東京都目黒区下目黒 3-6-1 〒 153-0064
　　　　電話 03(3715)1501　振替 00130-9-98842
印刷所　中央印刷株式会社

落丁，乱丁本は，本社にてお取替えします。
定価は売上カード，カバーに表示してあります。
ISBN 4-7620-1084-7　　　　　　　　　検印省略

現代福祉叢書

現代社会福祉用語の基礎知識
成清美治・加納光子編集代表　　　　　　　　　　　　　四六判　274頁　本体1980円

携帯に便利かつ利用価値の高い用語集。学生から研究員，ボランティアから現場専門家まで，受験・教育・実践に役立てる1381項目を収めた。国家試験ならびに資格試験に完全対応。

新・社会福祉概論
神戸女子大学　成清美治編　　　　　0819-2　C3336　A5判　190頁　本体2200円

社会福祉専門職をめざす学生や社会福祉に関わる社会人向けの入門テキスト。基礎的知識を体得すべく，できるだけ平易な文章表現を心がけるとともに図・表を多くとり入れて，理解をはかる。

介護福祉概論
成清美治・相澤譲治編　　　　　　　0693-4　C3336　A5判　156頁　本体1900円

社会福祉の視点に基づく介護概論。介護福祉地域利用の介護概論のテキストであると同時に社会福祉士育成にも役立つ構成。介護関係維持のための技法，援助の場，介護福祉援助技術，介護者の健康管理等。

医療福祉概論
児島美都子・成清美治編　　　　　　0694-6　C3336　A5判　198頁　本体2200円

医療福祉概論の基礎的理解を主眼とし，医療福祉の視点を保険医療に関する社会的諸問題の分析とソーシャルワークの業務内容，実践においた好著。国民の健康と疾病，医療ソーシャルワーク実習ほか。

老人福祉概論
小國英夫・成清美治編　　　　　　　0770-6　C3336　A5判　174頁　本体2000円

介護福祉士，社会福祉士養成課程等の基本テキストとして，基礎的理論の習得をめざし，また事例研究を取り入れ具体的に問題把握ができるよう説述。体系的に学びながら，実践場面にも生かすことができる。

社会福祉援助技術論
岡本民夫・成清美治・小山　隆編　　　0744-7　C3336　A5判　188頁　本体2100円

社会福祉専門職をめざす読者に社会福祉援助技術を体系的に学べるよう編纂。事例研究を多く取り入れ，具体的な問題把握と解決方策への取り組み可能。実践場面で生かせるテキスト。

障害者福祉概論
児島美都子・成清美治・村井龍治編　　0855-9　C3336　A5判　168頁　本体2000円

障害者福祉の視座をノーマライゼーションにおき，障害者プラン実現に向けての基礎概念と施策を分析することに努めた。本書の全体構成は社会福祉士，介護福祉士の授業科目の目標および内容に準じた。

公的扶助概論
中川健太朗・成清美治編　　　　　　　　　　　　　　A5判　200頁　本体2200円

公的扶助の基礎的理解を主眼とし，現代社会における公的扶助の理念と意義について包括的に概説。社会福祉士国家試験に対応し，社会福祉士・介護福祉士の授業科目に沿うよう編纂。生活保護制度ほか。